从中国到世界系列文化丛书

一书在手　上下五千年一目了然

世界历史经典故事300

编　　译/李　静　程绍虹
资料提供/徐一鸣　李　鹏

大连出版社
DALIAN PUBLISHING HOUSE

目录 1

CONTENTS

史海漫游第三站 摇头晃脑读近代

目录 2
CONTENTS

目录 3

CONTENTS

史海漫游第四站
摇头晃脑读现代

开罗古埃及博物馆

按照世界史通常的划分，从人类出现开始到公元395年罗马帝国分裂为东西两个部分，这个时期称为上古。在这个历史阶段里，古埃及、两河流域的国家、古印度、古希腊、古罗马这些奴隶制国家都创造出高度繁荣的经济生活，产生出光辉灿烂的文化，对后世具有深远的影响。其中古埃及、西亚、古印度、古希腊在文学、戏剧、雕塑、建筑、哲学诸多方面所取得的文化成就，对世界文化的发展做出了巨大贡献，成为整个现代文明的精神源泉。

史海漫游第一站

摇头晃脑读上古

1.洪水泛滥出来的文明

在公元前五六千年,在世界第一长河尼罗河流域就有人类居住,他们就是古埃及人。最初,他们过着原始的生活,使用粗笨的镐锄开垦土地,修建渠坝,种植谷物。经过不知多少代人的辛勤劳作,终于使尼罗河畔成了富裕的地方。

古埃及人能够过上富裕的生活,首先要感谢尼罗河。每年尼罗河都会发生季节性泛滥。当尼罗河水排山倒海般地漫过河床时,就会洗去土壤中的盐分,并把从上游带来的大量矿物质和有机质沉积在中下游两岸的田野里,给埃及的耕地广施上一层天然的细肥。据估计,埃及古代用尼罗河水灌溉的田地有 270 多万公顷,使埃及成为"地中海沿岸的粮仓"。

埃及人由衷地感谢定期泛滥的尼罗河,便在河畔的岩石上镌刻上这样的赞语:"尼罗河赋予两岸土地以生命。只有尼罗河泛滥以后,才能够有粮食和生命。大家都依靠它生存。"

尼罗河不仅用水和土为埃及人提供了生命的保障,又成为支撑埃及文明的重要基石。早在 6000 年前,古埃及人就依据尼罗河的涨落创造出了闻名世界的"太阳历"。他们发现,每当天狼星在日出前出现时,尼罗河就开始泛滥,于是古埃及人就把这一天定为 1 年的第一天。等到第二年天狼星出现在同一位置时,恰好是 365 天,就是 1 年。1 年分为 3 个季节,分别是泛滥季、播种季、收割季,每一季又分为 4 个月,每个月 30 天,年终另加 5 天作为祭祀神灵的节日。我们今天通用的公历,就源于这种历法。

古埃及人通过长期观察和研究尼罗河泛滥与星象之间的规律, 创立了天文学,在兴修水利和灌溉农田中孕育出了水利学和建筑学，而在尼罗河畔丈量土地的活动中发展起了几何学。尼罗河水每次泛滥后，都会冲毁田亩地界。尼罗河水退去之后，人们就必须设法重新测量，再次勘定田地的界线。在这个实际需要中，古埃及人逐渐掌握了计算矩形、三角形和梯形面积的方法。西方的几何学就是起源于这种测地术。“几何学”这个名词的本义无论在拉丁文还是希腊文中，都含有“测地术”的意思。古埃及人还最早推算出了圆周率——3.16(尽管不是最准确的)。

早在公元前4000年，埃及人就会使用象形文字了，他们将生长在尼罗河岸边的纸莎草茎切成薄薄的长条，压平晒干，当作纸来用，又将芦苇秆削尖，蘸着颜色在纸莎草上书写。这种纸草文书有少数流传至今。

2.统一上下埃及之战

随着粮食衣物的丰足，古埃及慢慢地从原始社会进入了奴隶社会，出现了40多个独立的小领主，每个领主都有自己的地盘，也都有自己崇拜的神灵。再后来，为了争夺土地和奴隶，这些领主又都有了自己的军队。经过了1000多年的互相征伐，最终形成了上埃及和下埃及两个大王国。

上埃及位于尼罗河上游，国王戴着白冠，这个部族的崇拜对象是雄鹰，他们认为鹰是一种勇猛的鸟，在鹰神的保护下，他们会无往而不胜。下埃及位于尼罗河下游，国王戴着红冠，这个部族崇拜的是蜜蜂(或眼镜蛇)，他们把蜜蜂图案印在国旗上。

公元前3100年前后，上埃及国王美尼斯发动了一场征服下埃及的大规模战争。这两个国家的军队在尼罗河畔摆开了战场。美尼斯指挥他的军士们冲锋陷阵，下埃及的士兵也不甘示弱，手持长矛英勇回击。经过三天三夜的激战，战场上铺满了双方将士的尸体，但最终还是美尼斯带领他的军队获得了胜利。下埃及国王成了俘虏，他领着他的臣民跪在地上，摘下头上的红色王冠，恭恭敬敬地献给了美尼斯。从此，美尼斯统一了整个尼罗河三角洲，成立了埃及王国。

为了纪念这次战争的胜利，美尼斯把决战的地点命名为“白城”，并在白城建起了都城，取名为孟菲斯城。在庆祝胜利的大会上，美尼斯手执王权象征物坐在九层台阶之上，头上有华盖，身边有侍从，旁边站着仪仗队。他把白冠和红冠合到一起，戴在头上，表示上下埃及的统一，并自称为“上下埃及之王”。臣民们载歌载舞，祝福他们的国王，祝愿国民从此可以安居乐业。

大多数历史学家都认为，美尼斯统一埃及是古埃及文明的开端。美尼斯不仅统一了埃及，还建立起了一套专制统治机构。国王成为至高无上的统治者，也就是神鹰的化身。人们把国王画成神鹰，刻在石壁上。再后来，人们再也不能直呼国王的名字，而要尊称“法老”(意为“宫殿”，借指国王)。大臣们朝见法老时，都必须说出一番赞美词，并匍匐在地，亲吻法老脚前的土地。

美尼斯开创了古埃及的第一王朝，在此之后的将近1000年的时间里，直到大约公元前2181年，古埃及都没有发生大的动乱，正是在这段时间里，古埃及文明达到了它辉煌的顶点。

3.建造金字塔

最能体现古埃及文明成就的就是金字塔。金字塔是古埃及法老的陵墓。在古埃及文中，它被称作“庇里穆斯”，是“高”的意思。而金字塔是中国人对它的称谓，因为它的立面是三角形的，与中文的“金”字相似。根据学者们的研究，埃及金字塔的建造起源于这样的神话：古埃及国王奥西里斯被自己的兄弟杀害，凶手将他碎尸后扔到了尼罗河里。王后伊西丝悲痛欲绝，她找到了丈夫的遗体，伏尸痛哭。太阳神深受感动，就帮助她把碎尸还原，做成木乃伊。奥西里斯由此再生，成为冥界的主宰。法老们都相信这个神话是真实的，于是就在生前为自己修好了一个“永久的住所”，死后制成木乃伊装入石棺，再送进陵墓。

按照古埃及人的信念，人的肉体是暂时的存在，灵魂则是永存的，只要遗体能够妥善地保存下来，死后的前程十分远大，而且再过3000年就能在极乐世界里复活。法

老贵为一国之尊，当然要把自己的冥界住所建造得尽可能坚固。最初的法老陵墓是凳子形的，被称为“马斯塔斯”，后来逐渐演变成金字塔形的。至于为什么古埃及人要选择这种形状，历来说法不一。它或许是对山体形状的模仿，陵墓通常都是建在山上的；或许是象征着太阳的光线，古埃及人崇拜太阳神；或许是以此表达法老企图让自己的灵魂进入天堂

的愿望，圆锥形的金字塔看上去好像登天的阶梯。后人发掘出的《金字塔铭文》上就刻有这样的文字："为他(法老)建造起上天的天梯，使他由此登上天堂。"

古埃及的历代法老为自己修建了96座金字塔，其中最有名的就是吉萨金字塔。而在吉萨金字塔中，又以胡夫金字塔最为高大雄伟。胡夫金字塔也称大金字塔，建于公元前2690年左右，是古埃及第四王朝第二个国王胡夫的陵墓。它原高146.5米，因年久风化，顶端剥落，现高136.5米；底座每边原长230米，现长227米；塔底面积52900万平方米。在埃菲尔铁塔没有问世前，它在4500多年的漫长岁月中，一直保持着全世界最高建筑物的纪录。

居中的金字塔是胡夫的儿子哈夫拉国王的陵墓，建于公元前2650年，比胡夫金字塔低了3米，但由于其所在地势较高，所以儿子的金字塔显得比父亲的金字塔还要高一些，它的建筑形式也更加完美壮观，塔前建有庙宇等附属建筑。

第三座金字塔属于胡夫的孙子孟考拉国王，建于公元前2600年左右。当时第四王朝进入衰落时期，国力不济，金字塔建不了那么高了，只有66.5米，但装修十分精美。

面对着高高耸立的金字塔，人们不禁会产生这样的疑问：在遥远的古代，没有先进的机械设备，怎么能建成这么巨大的金字塔呢?公元前5世纪时，古希腊历史学家希罗多德亲自来到埃及，实地对吉萨金字塔做过考察，留下如下记载：建造金字塔时，胡夫强迫所有的埃及人为他做工，10万人为一批，每批服役三个月，轮流替换。不计其数的古埃及奴隶从阿拉伯山拉来巨石，借助畜力和滚木，把巨石运到建筑地点，然后将场地四周天然的沙土堆成斜面，把巨石沿着斜面拉上金字塔，堆一层坡，砌一层石，逐渐加高金字塔。就这样，用了整整30年的时间，堆砌出令后人瞠目的奇迹来。

不过，希罗多德的这些描述只是来自道听途说，并不一定完全可信，但流传得很广。

4.两河流域的文明之光

与古埃及人一样，早在公元前五六千年，在西亚地区的底格里斯河与幼发拉底河流域就有人居住了。这两条大河冲积出了一片新月形的平原，它就是美索不达米亚平原。"美索不达米亚"源于希腊文，意思是"两条河之间的地区"，简称"两河流域"。

美索不达米亚又可以分成两个部分，南边是巴比伦尼亚，北边叫亚述，两河流域相当于今天的伊拉克一带。

和尼罗河一样，底格里斯河与幼发拉底河也喜欢泛滥，洪水退后，河岸上留下大量淤泥，成为天然的肥料，为当地人从事农业生产提供了得天独厚的条件。大约在公元前3000年前，美索不达米亚平原就成了有名的“谷仓”。

两河流域的最早居民是苏美尔人。他们很早就学会了烧制陶器。他们制作的彩陶色彩鲜艳夺目，人们生活用的酒杯、油缸、炉子、灯盏等几乎都是彩陶，甚至人死了也要把尸体装进烧制的大陶箱子里埋葬。

两河流域缺乏木材和石料，但有取之不尽的来自两河冲积平原上的黏性泥土，苏美尔人将之制成泥版，用削成三角形尖头的芦苇秆或骨棒、木棒当笔，在泥板上写字，每一笔按压的部分痕迹宽而深，拖出的部分窄而浅，就像木楔一样，所以这种文字被称为楔形文字，又叫“钉头字”或“箭头字”。楔形文字是世界上最早的文字，对西亚许多民族语言文字的形成和发展都产生了重要影响。

苏美尔人还制定出了世界上最早的天文历法。苏美尔人建造了高高的观象台，在上边观察月亮的变化，根据月亮的盈亏制定了太阴历。这种历法将1年分为12个月，每个月29或30天，12个月为1年(6个月为29天，6个月为30天)，每年354天，通过设置闰月的办法做调整。一星期分为7天，并用天上星辰神的名字加以命名，星期天为太阳神，星期一为月神，星期二为火星神，星期三为水星神，星期四为木星神，星期五为金星神，星期六为土星神。

大约公元前3000年时，世界上最早的学校诞生在苏美尔的尼普尔，它的任务是为王室和神庙培养书吏和书记员。

5.世界第一法典

苏美尔人在两河流域生活了2000多年后，先后建立起了一些奴隶制的城邦国家。每个国家以一个城市为中心，包括周围的一些土地，人口几万人不等。再后来，这些城邦的邦主为了占领其他城邦或是掠夺土地、奴隶及财物，便时常发生战争。于是，这些城邦国家长期混战不休。

直到公元前19世纪初，从叙利亚草原来了一支强悍的游牧部落，一举占据了两河流域中心地带的巴比伦城，建立了巴比伦城市国家，才渐渐地改变了两河流域长期

纷争不休的局面。由于巴比伦地处两河流域中心，贸易和交通都很方便，商业和农业就发达起来，巴比伦日渐强大起来。古巴比伦王国第六王朝的统治者汉穆拉比在位期间（约公元前 1792~前1750年），帝国的疆域扩大到了整个两河流域，巴比伦的奴隶制经济得到了进一步发展。为了维护奴隶主的利益，巩固国王的地位，汉穆拉比制定了一部法典。这部法典分为序言、正文和结语三部分。正文共有282 条，内容包括诉讼程序、保护私产、租佃、债务、高利贷和婚姻家庭等。按照这部法典，人分为三个等级：有公民权的自由民；无公民权的自由民；奴隶，包括王室奴隶、自由民所属奴隶、公民私人奴隶。汉穆拉比法典建立在两个最著名的原则基础上，一个是“以眼还眼，以牙还牙”，另一个是“让买方小心提防”。比如，两个自由民打仗，一个人被打瞎了一只眼睛，另一个人就要同样被打瞎一只眼睛作为赔偿；如果被人打断了腿，也要把对方的腿打断。

但对于奴隶，以上两个原则都不适用。奴隶主把一个自由民的眼睛弄瞎了，只要他拿出一定数量的钱财就可了事。如果被弄瞎眼睛的是奴隶，那么奴隶主什么也不必赔偿。法典还明文规定，如果一个奴隶不承认他的主人，只要他主人拿出证据证明他是自己的奴隶，那么这个奴隶就要被割去双耳。

这部法典以文字的形式刻在一块黑色玄武岩石柱上，立在一座神庙里。随着岁月的流逝，这个石柱不知去向。1901 年 12 月，由法国人和伊朗人组成的一支考古队，在伊朗西南部苏撒古城旧址进行考古发掘工作，发现了一块黑色石头，几天以后又发现了两块，将这三块石头拼合起来，恰好是一个椭圆形的石柱。它高 2.5 米，上方刻着人物的浮雕像，下方刻着楔形文字。这个石柱被运到了法国，藏进了巴黎的卢浮宫。经古文字学家解读，人们才知道石柱上的人物一个是古巴比伦人所崇拜的太阳神沙马什，另一个恭敬地站在太阳神前面的就是汉穆拉比。因此，人们便把刻在这个石柱上的文字称为“汉穆拉比法典”。又因为它是迄今为止人类所发现的最早一部有条理的法典，所以又称它是“世界第一法典”。

苏美尔城邦遗址

6.地中海上的马车夫

大约距今4000年前，在今天的黎巴嫩和叙利亚沿海一带生活着一个古老的民族，自称闪美特人，又称闪族人。他们建立起了一个高度文明的城邦国家，古希腊人称它为“腓尼基”，意思是“紫红之国”。

当时的埃及、巴比伦以及希腊的贵族和僧侣们，都喜欢穿紫红色的袍子，可是这种颜色很容易褪掉。他们注意到，居住在地中海东岸的一些人总是穿着鲜亮的紫红色衣服，似乎他们的衣服总也不会褪色，即使衣服穿破了，颜色也跟新的时候一样。于是他们就把这些人叫作“紫红色的人”，即腓尼基人。

腓尼基人的衣服之所以不容易褪色，秘诀就在于他们有一种特殊的紫红色颜料。相传有一天，一个放牧人养的一条狗从岸边衔回一个贝壳，它使劲一咬，顿时它的嘴巴和鼻子里都流出了鲜红的汁水。放牧人以为狗把自己的嘴咬破了，就用清水为它擦洗，可是洗来洗去，狗嘴仍是一片鲜红。放牧人回头一看那个贝壳，发现红颜色来自那里。于是，牧人就去海边寻找这种贝壳，这种紫红色的染料就这样被发现了。腓尼基人掌握了这个秘密后，就从别处买进布匹，染成绛紫色的布料，然后以抬高数倍的价格出售。腓尼基人因此大发其财，成了远近闻名的商人。随着不褪色布匹的畅销，他们的足迹遍布地中海沿岸各个港口城邦，同时锻炼出了一大批出色的航海家。

2600多年前的一天，埃及法老尼科召来一些优秀的腓尼基航海家，给他们指定了这样一个任务：“你们从这里出发，沿着非洲大陆岸边航行，不许向后掉转船头，一直走下去。等到你们再回到埃及时，我重赏你们！”

那些腓尼基人互相对望了一下，似乎有些胆怯。法老又发话了：“要是你们贪生怕死，掉转船头回来，我就要严厉地处罚你们！”

那些腓尼基人没有了退路，便准备了三艘大船，装上商品和粮食，从埃及的港口出发了。

三年之后，腓尼基人的船队回来了。法老不相信他们真的照自己的吩咐做了，直到腓尼基人向他绘声绘色地介绍了非洲两岸的风光以及风土人情，还献上从非洲带回的奇异物产及珍宝，法老这才相信了他们，称赞他们是“地中海上的马车夫”。

随着商业的发达，精明的腓尼基人在地中海沿岸建立了许多商站，这些商站都成了当地经济最繁华的地方，很多商站后来还成了著名的商业城市。腓尼基人建立的最大的城市推罗，有人考证说它就是今天黎巴嫩南部城市苏尔。不过，腓尼基人并没有建立起一个统一的国家，每个腓尼基城市都是一个国家，如乌加里特、毕布勒、西顿等，由居民们推选自己的国王，崇敬自己的保护神。

公元前 1400 年左右，一场大地震摧毁了乌加里特城，腓尼基人建立的城邦渐渐地失去了原来的繁荣景象。但是，腓尼基人至少在地中海沿岸活动了两三千年之久，创造出了灿烂的文化，尤其是他们环绕非洲航行，完成了人类的第一次航海壮举，他们的经商活动也把地中海沿岸各城邦国的文明向前推进了一步。

我们熟悉的 26 个英文字母，其源头就是腓尼基人的 22 个字母。他们借用古埃及人的几个象形文字，并简化了苏美尔人的若干楔形文字，最终把数千个不同图像变为书写便利的 22 个字母。后来，这 22 个字母渡过爱琴海传入希腊，希腊人又增添了几个自己的字母，并把这种经过改进的文字系统传入意大利。古罗马人稍微对字形做了改动，又把它们传到了西欧。

荷马塑像

7.木马计

早在公元前 2000 多年，地中海东部的爱琴海地区就孕育出了灿烂的克里特文明和迈锡尼文明。大约在公元前 1200 年，一支希腊人(多利亚人)侵入爱琴海地区，毁灭了迈锡尼文明。此后的 300 年间，希腊历史进入了所谓的“黑暗时代”。因为对这一时期的了解主要来自《荷马史诗》，所以又称“荷马时代”。荷马是古希腊的一位盲诗人，其生平和生卒年月已不可考，有无其人也存在争议，但一般都把古希腊长篇叙事史诗《伊利亚特》和《奥德赛》归于他的名下，统称为《荷马史诗》，这一时期也得名荷马时代。

根据荷马的描述，公元前 12 世纪时，在小亚细亚半岛的西北岸有一座特洛伊城，城中有一座金碧辉煌的王宫，里面住着特洛伊国王普里阿摩斯。普里阿摩斯有个儿子名叫帕里斯，年轻英俊，国王经常派他出去做事。有一天，国王想把他姐姐赫西俄涅接回特洛伊城团聚，便派帕里斯王子出使希腊。帕里斯在斯巴达遇见了一位貌似天仙的女子，她是阿耳戈斯国王墨涅拉俄斯的妻子，名叫海伦。帕里斯用美妙动听的琴声、温馨甜蜜的言辞和炽烈的爱情迷惑了海伦，终于使她芳心难禁，跟随帕里斯逃离斯巴达。

墨涅拉俄斯不堪受辱，就联合其他希腊城邦的国王，调集了 10 万精兵，1186 艘战

特洛伊古城遗址

船，由墨涅拉俄斯的哥哥迈锡尼国王阿伽门农率领，渡过爱琴海，包围了特洛伊城。

这场攻守之战持续了10年，特洛伊城仍未被攻破，双方都付出了沉重的代价。希腊联军主将阿喀琉斯身先士卒，亲手杀死了特洛伊联军的主将赫克托尔。帕里斯则在另一场战斗中射死了阿喀琉斯，他自己却被希腊神箭手菲罗克忒忒斯用毒箭射死。帕里斯的妻子俄诺涅痛不欲生，跳进了帕里斯的火葬堆中，和丈夫一起化为灰烬。

就在特洛伊战争处于胶着状态时，足智多谋的伊塔刻国王奥德赛想出了一条妙计，假装战败撤退，把一个腹中装满士兵的巨型木马“遗弃”在城外。特洛伊人不知其中有诈，欢天喜地地把木马当作战利品运进了城。因为木马太大，从城门进不来，普里阿摩斯就下令拆毁了一段城墙。特洛伊人以为战争结束了，就在当天夜里举行盛大的庆祝宴会。就在特洛伊人沉湎于美酒和歌舞中的时候，藏在木马中的奥德赛等人悄悄地爬了出来，杀死了特洛伊城的守门人，将希腊联军从城门和城墙的拆毁处引进城里，一举攻占了特洛伊城。历时10年的特洛伊战争最终以木马计的成功而宣告结束。

帕里斯战死以后，海伦又嫁给了帕里斯的兄弟得伊福玻斯。特洛伊城被攻破后，墨涅拉俄斯找到了自己不贞的妻子，原想立即将她杀死，但见到了美丽无比的海伦后，他顿生爱怜之心，又把她拥入自己的怀中。他抱着海伦上了战船，返回斯巴达。

8.血洗大马士革

在巴比伦称霸西亚的时候，它的北部有一个亚述王国。这个国家实力弱小，先后被阿卡德王国和古巴比伦王国征服过，还遭到过四邻的入侵。公元前911年，阿达德尼拉列二世成为亚述国王。这时候巴比伦已经渐渐地衰亡下去，北非强国埃及实际上已处于南北对峙的分裂局面，亚述王国变得强大起来。阿达德尼拉列二世一即位，就声称要向过去欺侮过亚述的国家进行报复。为了获得战场上的胜利，亚述国王废除了部落兵制，建立了一支完全由王室供应的常备军。亚述军队不但有战车兵、骑兵，还有

重装步兵、轻装步兵、攻城兵、辎重兵，甚至还有工兵。亚述本土多山，盛产铁矿，冶金业比较发达，军队的武器大都是用铁制成的。亚述战士的盔甲防护力很强，与后来欧洲骑士所穿的铠甲不相上下。亚述人还擅长制造攻城器械，著名的有攻城锤、云梯、投石机等。

经过多年的南征北战，勇猛的亚述军队占领了小亚细亚半岛及其附近地区，接着，浩浩荡荡的亚述兵团又向叙利亚首都大马士革开进。

公元前 733 年，亚述军队驱动着 5000 辆战车，涌到大马士革城下。随着亚述王一声令下，亚述战车首先向前挺进，战车之后是骑兵，随后是步兵。叙利亚士兵抵挡不住亚述人一轮又一轮的疯狂进攻，只得关闭城门，固守城池。

经过一年的围困，亚述人做好了各项准备，开始对大马士革发起强攻。亚述人先在城墙下修筑了一条斜坡，上面铺上石板，然后把攻城锤一直推到城墙下。这个家伙下面有四个轮盘，前头是一枚又重又粗的尖头大铜锤。亚述士兵搅动轮盘，大铜锤便猛烈地向城墙上撞去。

亚述人还有一种很厉害的武器，它就是依靠机械力量推动的投石机。亚述士兵将牛筋制成绳索，用木制绞盘将其用力绞紧，然后骤然放开，巨大的石块便像冰雹一样被抛到城墙上，击倒了许多叙利亚士兵。

没过多久，大马士革的城门就被攻城锤撞塌了。亚述士兵像潮水一样冲入城内，与叙利亚兵展开了激烈的巷战。经过七天七夜的激战，亚述人终于占领了整个大马士革，大马士革国王被生擒。亚述王一挥手，亚述士兵就砍下了他的头。

大马士革陷落后，凶残的亚述人展开了一场大屠杀。他们把成千的战俘绑在削尖的木桩上，让他们在痛苦中慢慢地死去。妇女被奸淫掠夺，小孩子则被全部杀死。被亚述兵砍下的头颅，竟然堆成了一座小山。一堆一堆的金银珠宝、铜器象牙和其他贵重东西，都被亚述人运走。亚述士兵还放火焚烧了大马士革的宫殿，一座名城顿时化为灰烬。

大马士革古城

此战过后，亚述军队威名大震，所到之处，许多城邦望风而降。公元前 729 年，整个巴比伦王国都被亚述人占领了。公元前 671 年，亚述人攻占了具有数千年历史的古国埃及。公元前 639 年，亚述人又攻占了伊朗高原。从此，当时两个最大的文明古国——埃及和巴比伦的全部领土都划归亚述的版图，其时，亚述帝国辉煌至极。

公元前8世纪，亚述国王辛那赫里布将都城萨尔贡迁到底格里斯河左岸的尼尼微。靠着掠夺西亚北非各国的财富，这座都城建造得十分庞大而华丽，《圣经》上称它为“血腥之城”。

亚述的最后一位著名国王叫亚述巴尼拔，在他的统治下，亚述帝国的版图空前广大。亚述巴尼拔受过良好的教育，博学多才，在皇宫中建立了世界上最早的图书馆，里面藏有几万块泥版文书。他的武艺也是十分惊人，可以单人用匕首与狮子搏斗。在亚述巴尼拔统治后期，借助血腥掠夺而建立起来的亚述帝国开始动摇。为了稳固自己的统治，亚述巴尼拔竟下令把所有敢于反抗他的人，无论老人、妇女、儿童，都斩尽杀绝。

亚述巴尼拔死后，庞大的亚述帝国迅速土崩瓦解。埃及、叙利亚、腓尼基、新巴比伦相继争得独立，公元前626年，居住在新巴比伦的迦勒底人和东边的米底人联合起来进攻亚述。公元前612年，联军攻入尼尼微，将城中的财物洗劫一空，然后又放了一把大火，血腥之城从此消失。最后一代亚述王不甘心被生擒，纵身跳入火海，显赫一时的亚述帝国从此灭亡。

巴比伦古城遗址

9.巴比伦之囚

公元前626年，亚述人派迦勒底人(闪米特人的一支)领袖率军驻守巴比伦。他来到巴比伦后，却发动了反对亚述统治的起义，建立一个新的王国，史称新巴比伦王国，那波帕拉沙尔成为新巴比伦王国的第一位国王。那波帕拉沙尔有个儿子叫尼布甲尼撒，他从小就跟随父亲统兵作战。他勇敢机敏，能够身先士卒，深得将士们的拥护。

亚述帝国灭亡后，新巴比伦王国和埃及人在幼发拉底河上游不断发生冲突，新巴比伦军队经常处于下风，不得不放弃了一些重要据点。那波帕拉沙尔心有不甘，便任命尼布甲尼撒为统帅，同埃及军队进行决战。

公元前605年春天，双方在幼发拉底河西岸的卡尔赫米什摆下战阵。尼布甲尼撒率军在下游先行渡河，然后沿着西岸向埃及人发起猛攻，同时切断了埃及人南逃的退路。战斗进行得非常激烈，巴比伦士兵像潮水一样冲向敌阵，一批倒下去，另一批接着冲上去，埃及人实在抵挡不住了，纷纷转身逃跑。尼布甲尼撒下令穷追不舍，结果在哈马什全歼了埃及军队。

就在这一年，老国王那波帕拉沙尔去世了，尼布甲尼撒登基，就是尼布甲尼撒二世。尼布甲尼撒野心勃勃，上台后就对叙利亚、巴勒斯坦地区诸小国发动了一系列的征服战争，大马士革、西顿、推罗以及犹太的国王都被迫纳贡称臣。公元前601年，尼布甲尼撒再度与埃及人交战。这一次双方的损失都很惨重，新巴比伦军队不得不退回巴比伦。犹太国王约雅敬见风转舵，趁机脱离了新巴比伦，投向埃及人的怀抱。

在叙利亚与埃及之间，有一条狭长的丘陵地带。这个地方最初的名称叫迦南，后来有一支海上民族腓力斯丁人攻占了迦南，并在这里定居下来。古代希腊人称腓力斯丁人的居住地为"巴勒斯坦"，意即"腓力斯丁人的国家"。巴勒斯坦地区原先住着说塞姆语的迦南人和其他部族，后来有一支说塞姆语的游牧部族希伯来人，即后来所称的犹太人，从东边逐渐迁入巴勒斯坦，在与迦南人长期冲突后，逐渐混合杂居，其中以色列部落居住在北方，犹太部落居住在南方。公元前11世纪，犹太王大卫统一了犹太各部落，建立起以色列—犹太王国。这个王国从迦南人手中夺取了耶路撒冷，定为都城。从此，耶路撒冷就成了以色列、犹太人的圣城。

约雅敬投降埃及人的消息传来，尼布甲尼撒大发雷霆，发誓要踏平犹太国都耶路撒冷。公元前598年年底，约雅敬去世，他的儿子约雅斤即位。尼布甲尼撒认为进攻犹太王国的时机已到，就亲自率领大军向耶路撒冷开进。经过两个多月的围攻，犹太国王被迫投降。尼布甲尼撒废黜了约雅斤，将他的叔叔封为犹太王，并为其改名西底家，让他宣誓效忠新巴比伦王国，不得反叛。随后，尼布甲尼撒下令将犹太王室的大部分成员和犹太的能工巧匠一齐押往巴比伦。

空中花园遗址

公元前588年,埃及人又打来了,西底家再次归顺了埃及人。不久,尼布甲尼撒率新巴比伦军队对耶路撒冷发动了第二次围攻。这次围攻历时18个月,耶路撒冷再次陷落。

尼布甲尼撒对反复无常的犹太国王无比痛恨,他下令抓来西底家的几个儿子,当着他的面杀死了,又挖去了西底家的眼睛。当变成瞎子的西底家被押到尼布甲尼撒面前时,尼布甲尼撒对他说:"这就是你们背叛我的下场!"接着,他下令用铜链锁住西底家,把他拉到巴比伦去示众。

尼布甲尼撒率军撤退前,将耶路撒冷全城洗劫一空,拆毁了城墙,放火焚烧了城中的神庙、王宫和许多民宅,全城活着的居民几乎全被掳到巴比伦。这就是历史上有名的"巴比伦之囚"。存在了200年左右的以色列王国,就这样从历史上消失了。

在尼布甲尼撒统治时期,新巴比伦王国的政治相对稳定,经济生活繁荣。为了显示他的文功武治,尼布甲尼撒新建、修复了许多宗教建筑,其中最著名的是巴比伦的马都克神庙的塔寺,即"巴别通天塔"。尼布甲尼撒还建造了巴比伦城的外城墙。著名的伊丝塔尔门在尼布甲尼撒时进行了改建,墙面装饰着光彩夺目的琉璃砖拼出的龙和公牛,阳光一照,满壁生辉。

尼布甲尼撒曾经娶了一个米底公主,为了让她高兴,不再想家,他下令召集了几万名能工巧匠,建成一座110米高的假山,两边修着城墙,山上层层种植花草树木;靠水车引来幼发拉底河水上山,既浇灌了花木,又制造出人造溪流和瀑布奇景。远远望去,那些花草树木就好像长在天上一般,所以得名"空中花园",成为古代世界的七大奇迹之一。

梭伦塑像

10.梭伦改革

公元前5世纪时,雅典与邻邦墨加拉为了争夺萨拉米斯岛而大打出手,结果雅典战败了。萨拉米斯岛地处雅典的出海口,对海外贸易的发展十分重要。丢了这样一个地方还不算,城邦当局竟颁布了一条屈辱的法令:任何人都不得提议去争夺萨拉米斯岛,违者必处死刑。

这一天,一个"疯子"出现在雅典的中心广场上。只见他脸色苍白,呼吸急促,双手不停地捶打着自己的胸膛,招来许多围观的百姓。忽然,他对着人群大声朗读起他写的诗来:"啊,我们的萨拉米斯,她是多么美丽,又多么使我们留恋,让我们向萨拉米斯进军,我们要为收复这座海岛而战,我们要雪洗雅典人身上的奇耻大辱……"

这个"疯子"名叫梭伦,出身贵族家庭,年轻时一面经商,一面游历,到过许多地方，后来被誉为古希腊“七贤”之一。梭伦在游历中写过许多诗篇，表达了他对贫困和富有、高贵和卑贱的独到看法。他在诗中这样写道：“作恶的人每每致富，而好人往往受穷。但是，我们不愿把我们的道德和他们的财富交换，因为道德是永远存在的，而财富每天都在更换主人。”这些诗篇为他赢得了“雅典第一位诗人”的美誉。

梭伦认为萨拉米斯岛本应属雅典所有，他对当局的懦弱行为深为不满，为了唤醒雅典人的爱国热情，同时避开不公正法律的制裁，就想出了佯装疯癫这样一个办法。在人们的惊叹声中，梭伦滔滔不绝地朗诵着，终于用激越的诗篇激起了雅典人的爱国热情和民族尊严，当局不得已废除了那条屈辱的法令。公元前 600 年左右，战事再起，年约 30 岁的梭伦被任命为指挥官，他统帅雅典军队一举夺回了萨拉米斯岛。从此梭伦声望大增，成为雅典最有名气和最受人民爱戴的人物，并当上了首席执政官。

梭伦执政后，立即实施了一系列改革，颁布多项法令。他首先宣布实行“解负令”，即免去过去一切人所欠的债务。在这之前，不少平民因为借贷或因交不起田租地赋欠下了不少债务，有的把田产抵了债，债权人就在他的田头立上债务碑。梭伦免去这些人的债务，所有的债契都作废，因欠债而卖身为奴的人一律释放，并宣布此法有效期为 100 年。这项改革大大地解放了生产力，人民欢声雷动。接着，他又宣布了按财产的多少将全体公民划分为四个等级，不同等级的公民享有不同的政治权利。谁的财产多，谁的等级就高，谁就享有更高的政治权利。这项改革使新兴的工商农奴主可以凭借自己的私有财产，跻身于城邦政权，从而打破了贵族依据世袭特权垄断官职的局面。

梭伦还创立了四百人会议。它是为满足平民的要求而创立的。四百人会议由四个部落各选出 100 人组成，除第四等级外，其他各级公民均可当选，任期为 10 年。其职权是为公民大会准备议案，贯彻公民大会决议，用以取代贵族会议。在公民大会休会期间，负责解决国家的一些日常事务。

后来，随着加入雅典的城邦不断增加，四百人会议又增至五百人会议、六百人会议。它的出现，不但使公民大会摆脱了贵族对国家的控制，而且有利于雅典国家向民主政治的方向发展，使雅典一步步走向民主和富强。

11.居鲁士东征西讨

古波斯人物雕像

亚述帝国灭亡后，与迦勒底人联合作战的米底人又征服了伊朗高原南部的波斯人，成为统治伊朗高原和亚述的又一个帝国。一天夜里，米底的第四代国王阿斯提亚格斯做了一个梦，梦见女儿芒达妮撒尿变成洪水，淹没了爱克巴坦那城。醒来后，他唤来僧侣占卜吉

古波斯帝国王宫遗址

凶。那个僧侣告诉他，芒达妮的后代将夺取他的王位并成为亚细亚的霸主。从此，阿斯提亚格斯就对女儿起了戒心。等到芒达妮长大成人后，阿斯提亚格斯下令把她嫁给了一个老实温顺的波斯贵族，而不把她嫁给本国的贵族子弟。

女儿婚后一年就怀孕了，这时候阿斯提亚格斯又做了一个噩梦，梦见从女儿的肚子里长出了一根葡萄藤，遮住了整个亚细亚。为防不测，阿斯提亚格斯立刻派人把公主接回宫中，准备等外孙一降生，就把他处死。

不久，公主生下一个儿子，取名居鲁士。阿斯提亚格斯派王室总管哈尔帕哥斯把居鲁士带出宫去杀死埋掉。哈尔帕哥斯不敢自己动手，就把他交给了一个放牧的奴隶去处理。恰巧那个牧人的妻子刚刚生下一个死婴，她劝丈夫留下居鲁士，用死婴顶替交差。牧人的妻子叫斯帕科，在米底语中是“母狼”的意思，因此日后传说居鲁士童年时曾得到过母狼的哺育。

居鲁士长到10岁的时候，和同村的孩子玩扮国王的游戏，被伙伴们推举为国王，他居然假戏真做，下令鞭笞了一个抗命的贵族之子。这件事情越闹越大，居鲁士的真实身份终于暴露出来。宫廷祭司说，这个孩子已经在游戏中成为国王，不会再第二次成为国王了。阿斯提亚格斯这才消除了疑虑，允许居鲁士回到亲生父母身边。

长大后，居鲁士凭着他的贵族地位，将波斯10个部落的青壮年贵族都团结在自己周围。当时波斯人对米底人的统治十分不满，人们时常起来造反。公元前550年，居鲁士率领波斯兵一举灭掉了米底，正式建立波斯帝国。

波斯帝国的西方强邻吕底亚是西亚最勇武好战的民族，吕底亚国王克洛伊索斯看到居鲁士日益强大，非常担心，就想趁波斯立国未稳，出兵将它灭掉。公元前547年，克洛伊索斯出兵攻打波斯。吕底亚军队中有很多配备长矛的骑兵，在战斗中占了上风，但居鲁士的军队在数量上占有绝对优势，双方未分胜负，克洛伊索斯决定退兵。

克洛伊索斯以为战事就此结束，万万没有料到，胆大的居鲁士竟然主动出击，攻入吕底亚本土，吕底亚人只得仓促应战，在首都萨迪斯（今土耳其西部）郊外的辛布拉平原上摆开战场。吕底亚人仍然想利用骑兵的优势获得胜利，居鲁士却想出了一条妙计。他将随军运载粮食和行李的骆驼集中起来，配备骑手，走在军队的最前面，步兵和骑兵紧随其后。吕底亚的战马闻到骆驼的气味就受不了，转身逃窜，结果吕底亚人溃不成军。经过两周的围攻后，波斯军队攀爬绝壁，攻进萨迪斯，吕底亚王国灭亡。

公元前562年，一生耀武扬威的尼布甲尼撒二世去世了。他死后，新巴比伦王国很快就陷入政局动荡，国力锐减。公元前539年，居鲁士在消灭了吕底亚王国之后，又下令进攻新巴比伦王国的首都巴比伦。

巴比伦国王听到了这个消息，不禁哈哈大笑道："居鲁士也太不自量力了。他要敢来，我叫他们统统死在幼发拉底河里！"原来，巴比伦的城墙异常坚固，还装有特殊的灌水系统。只要一打开水闸，幼发拉底河的大水就会把城外的敌人冲走。

巴比伦国王没有想到，居鲁士并没有强攻。新巴比伦王国的上层人物有三个等级，分别是王室、富商显贵和祭司。平时，这三个等级的人互相钩心斗角，居鲁士用重金收买了富商，保证进城后不损害他们的利益。卖国求荣的富商在夜间偷偷地打开城门，波斯人顺利地占领了巴比伦。

居鲁士的下一个征服对象就是埃及。远征之前，为了解除后顾之忧，居鲁士决定先出兵征讨里海东岸广阔草原上的马萨格泰人。马萨格泰王国由寡居的女王托米丽司治理，她悲痛地对臣子们说："波斯人占我土地，杀我人民，我们一定要报仇！"

侵入马萨格泰王国的波斯军队扎下营盘后，居鲁士只留部分军队守卫，自己带领大部队悄然后退。马萨格泰女王的儿子不知是计，冒冒失失地率部劫营，杀死了留守的波斯人后，就在营地里饮酒庆功。这时候，居鲁士突然回兵，打了马萨格泰人一个措手不及，女王的儿子成了俘虏，羞愤自杀。噩耗传来，女王派使者传话给居鲁士："我凭着马萨格泰人的主人太阳神发誓，不管你多么嗜血如渴，我也会叫你把血喝饱的！"

居鲁士以为这只是对方的恐吓，根本没有放在心上，率领一队骑兵长驱直入，结果在一个险要地方陷入重围，这是居鲁士一生经历过的最残酷的战斗。双方弓箭手射完了所有的箭，然后展开肉搏，最终的胜利属于马萨格泰人，波斯军队几乎全军覆没，居鲁士阵亡。马萨格泰女王找到了居鲁士的尸体，指着他的鼻子说："你贪血，就用血来渗透你！"女王下令割下居鲁士的头颅，放进盛满血的革囊里。

居鲁士陵墓

居鲁士死后，他的儿子冈比西斯继承了王位。他打败马萨格泰人，运回了父亲的尸首，修建了一个高大华丽的坟墓埋葬了他。至今，居鲁士的坟墓仍耸立在伊朗高原上。

12.假公主引发战祸

冈比西斯即位成为波斯皇帝后，继续执行对外扩张政策。为了防御来自波斯的侵略，埃及与吕底亚等国结成了同盟，但此时的埃及已是强弩之末，根本不是强大的波斯帝国的对手。冈比西斯想出兵攻打埃及，但苦于没有借口，他听说埃及赛斯王朝法老雅赫摩斯二世有个独生女儿长得美丽绝伦，便派遣使者前往埃及求婚。如果法老不乖乖地把他的女儿送来，便有了兴兵讨伐的理由。

雅赫摩斯二世没有子嗣，只有这一个宝贝女儿，自幼娇生惯养，视若掌上明珠，怎么舍得把她远嫁异国他乡，去侍奉一个凶恶残暴的丈夫呢？但他知道冈比西斯不是好惹的，拒绝这门婚事的后果不堪设想。有一天，他忽然想出了一个自以为两全其美的妙计。他从后宫的女仆中挑选出一个最漂亮的姑娘，对她精心调教，盛装打扮，让她冒充自己的女儿，以埃及公主的身份，带着丰厚的嫁妆，前往波斯王宫与冈比西斯完婚。

冈比西斯得到了一位如花似玉的埃及公主，暂时就把进攻埃及的事情放在一边，与假公主百般缠绵起来。那位假公主受到皇帝的专宠，乐得心花怒放，一时忘乎所以，竟把自己的真实身份泄露出去。冈比西斯得知自己钟情的“公主”竟然是一个女奴，自尊心受到了极大伤害，一刀就结束了那个假公主的性命。

冈比西斯患有癫痫病，本来就情绪暴躁，不时发狂。杀了假公主后，他更加怒不可遏，亲率大军进攻埃及。已是风烛残年的埃及法老雅赫摩斯二世在惊恐不安之中，提前结束了他那屈辱的生命。他的侄儿普萨姆提克三世继任法老，他面对野蛮的强敌，誓死不屈，组织军民奋勇抗战。

波斯军队一路攻打到埃及重镇佩鲁斯城下，埃及人凭借着坚固的城防工事，重创了波斯军队。在攻城受阻的窘迫时刻，冈比西斯想到埃及人一直把猫奉为神灵，他们从不敢触动猫，更不敢伤害猫。冈比西斯觉得这是对手的一个致命弱点，就派人收集了大批的猫。攻城开始后，双方短兵相接，波斯人把一群猫投向埃及军队的战阵之中。这些猫在埃及士兵中乱跑乱窜，有的竟爬到士兵的身上喵喵乱叫。埃及士兵左右躲闪，束手束脚，波斯士兵趁机大打出手，杀伤了大量埃及士兵，一鼓作气占领了佩鲁斯城。

公元前525年，波斯人占领了埃及首都孟菲斯，生擒了埃及法老。雅赫摩斯二世的美艳女儿终于落入虎狼之口，被冈比西斯糟蹋后，赏给了部下。为了显示战胜者的威风,冈比西斯专门举行了一个庆祝胜利的仪式,把俘虏的法老和埃及大臣们都集中在城外的一块空地上,让手下的士兵给他们的女儿们统统穿上奴隶的服装,拿着水桶去打水。见到女儿受到这样的折磨,埃及法老和那些大臣们心如刀绞,却又无可奈何,不由得放声大哭起来,连一些波斯士兵也不忍听下去,冈比西斯却在一旁手舞足蹈,哈哈大笑。在一个埃及人的节日里,冈比西斯居然下令杀了埃及人最崇拜的圣牛,使埃及人大惊失色。

就在冈比西斯滥施残暴时,波斯国内出现了大乱。一个叫高墨达的拜火教僧侣,利用波斯人对冈比西斯的不满情绪,假冒被冈比西斯杀死的王子巴尔迪亚的名义,在首都爱克巴坦那发动了政变,宣布废黜冈比西斯,自立为波斯皇帝。冈比西斯得知后院失火,急忙率领部队回国,准备夺回王位。就在他上马准备启程时,他的佩刀刀鞘的扣子突然弹开,刀从鞘中滑了出来,锋利的刀刃把冈比西斯的大腿割出了一道血口,冈比西斯痛得从马上跌了下来。他勉强往回赶,中途癫痫病再一次发作,再加上天气炎热,伤口化脓,过了 20 多天便一命呜呼了。

13.大流士设计称帝

大流士一世塑像

冈比西斯死后,波斯国的大臣们才得知,那个叫高墨达的新皇帝是假的。这时候,波斯安息省省长的儿子大流士正住在首都,他出身阿契美尼德家族的旁支。他联合其他六位贵族密谋了一次政变,杀死了高墨达及其亲信。

高墨达死后,大流士和那几位贵族又商议由谁来当新皇帝,他们都认为自己应该当皇帝。这一天,他们几个人又为这件事争执起来,一个叫欧塔涅斯的贵族提出退出王位的竞争,只要求今后不管谁当了皇帝,都不得对他有不敬的地方。大家都同意了他的要求,但是由谁当皇帝的难题还是没有解决。最后他们商定,第二天早晨,这六个人乘马到郊外集合,看谁骑的马先嘶叫,就让谁当皇帝。大流士事先让他的马夫使了一个计策,使他的马先叫了起来,就这样他当上了皇帝。

大流士当上皇帝后,开始时日子并不好过,高墨达死后,全国各地都出现了叛乱。大流士骑上战马,带领军队攻打巴比伦地区,又重新占领了孟菲斯。他仅仅用了一年时间,历经 18 次战役,终于平定了各地叛乱,使濒于崩溃的波斯帝国又强大起来。

大流士坐稳了皇帝的宝座后,便着手制定了一大套森严的宫廷规矩。上朝时,大流士头戴闪闪发光的金皇冠,身穿绛红色的长袍,腰系金丝腰带,手握黄金权杖,高高地坐在金阶之上，身后站着大群高擎羽扇和大伞的随从和侍卫。大臣朝见时，要跪在地上，在他和大臣之间还要用帷幕隔开，以防大臣的呼吸亵渎了皇帝。

为了防止出现叛乱，大流士把各个被征服国改为“行省”，直接派总督去统治，并把各行省的贡赋固定下来，还统一了度量衡。为了统一货币，大流士下令废除了所有占领地的货币，使用波斯国统一铸成的金币。金币的正面是他本人的头像，反面是一个弓箭手，这种金币叫作“大流克”。后世的历史学家把大流士的这些做法称为“大流士改革”。

大流士的日常饮食极为讲究。当上皇帝后，他只喝故乡的水，每天都要派许多人用专门的银筒，把他故乡的水运来，即使在他出游各地时也不例外。大流士还特别喜欢吃爱琴海产的鲜鱼，为了能及时地把鲜鱼运进波斯王宫，他下令修了一条2000多千米长的大道，称为“皇道”。这条皇道上设有100多个驿站，爱琴海的鲜鱼用驿站快马，只需要三天时间就可以送到王宫。这条皇道的建成，使波斯国的交通大大改善，我国西汉时张骞出使西域后，它便与丝绸之路相接，成为一条便利的东西通道。

公元前520年，踌躇满志的大流士前往各地巡行。当他巡行到爱克巴坦那附近的一个叫贝希斯敦的小村庄时，吩咐手下人在村旁的悬崖峭壁上刻下了有名的《贝希斯敦铭文》。这个铭文的上半部分是浮雕，浮雕上的大流士左脚踏着倒在地上的高墨达，右手指向波斯人崇拜的光明与幸福之神阿胡拉·马兹达；下方刻着八名被绳索绑缚着脖颈的叛乱首领，他们与高大伟岸的大流士形成了鲜明的对照。浮雕的下半部是用古波斯、埃兰、阿卡德语三种楔形文字写成的铭文，上面这样写着：“我，大流士，伟大的王，万邦之王，波斯之王，诸省之王，叙斯塔斯帕之子，阿尔沙马之孙，阿黑门尼德。……按阿胡拉·马兹达的意旨，我是国王。”

14.马拉松战役

公元前500年，小亚细亚的米利都等城邦掀起了反抗波斯统治的暴动。米利都曾向希腊半岛各城邦求援，只有雅典和优卑亚岛上的爱勒多里亚派出了25艘战船助战。大流士镇压了小亚细亚各城邦的反抗后，便把侵略的矛头直接指向希腊半岛，希波战争由此爆发。

公元前492年春天，波斯远征军进攻希腊。当波斯舰队航行到亚陀斯海角时，突然遭遇飓风，大部分舰船被风浪吞没，2万名波斯士兵葬身鱼腹。波斯陆军在色雷斯遇到当地人民的抵抗，损失重大，也被迫折回。

米提亚德塑像

波斯军远征失利后，大流士一面继续备战，一面派使者前往希腊各个城邦，索要“土和水”。这个寓意很明显，就是叫他们献出土地，屈膝投降。有些城邦慑于波斯帝国的强大，只得向波斯来使献上“土和水”，唯有希腊两个最大的城邦——雅典和斯巴达没有这样做。雅典人对波斯使者说，请随我走，取高山之巅的沃土送给你带回去。波斯使者信以为真，就跟着来到高山上，结果被希腊人从山顶上扔下来。斯巴达人把波斯使者带到一口井边，指着井底说：“这里面的水如甘泉一般，水下的土滋润肥沃，你们要多少可以拿多少，不过要请使者自己下去拿。”说完，愤怒的斯巴达人就把波斯使者大头朝下投进井里。

公元前490年，大流士亲率波斯军队横渡爱琴海，在雅典城东北部的马拉松平原登陆，妄图一举消灭雅典，进而鲸吞整个希腊。雅典人一面加强戒备，一面派传令兵菲迪皮得斯日夜兼程前去200多千米远的斯巴达城邦求助。这位长跑健将只用了一天多的时间便跑到了斯巴达，但斯巴达人却以月不圆不能出兵为由拒绝马上出兵。菲迪皮得斯无奈，只好赶回马拉松复命。

当时雅典军队只有区区1万人，斯巴达的援军还要等好几天才能到达，而他们面对的却是10万波斯大军。在形势十分紧急的情况下，雅典的军事委员会召开紧急会议，投票决定是否立刻同波斯人决战。投票结果是五票赞成，五票反对，雅典军政长官卡利马什最后投出了赞成票。在投票赞成开战的五位将军中有一位杰出的军事家，他名叫米提亚德，出生于雅典一个最古老的家族。由于众望所归，他被推选为这次战役的总指挥。

一场力量对比悬殊的大战打响了。米提亚德命令雅典军不惜一切代价抢占马拉松山坡高地这个有利地势。在他的指挥下，雅典军居高临下，打退了波斯军一次又一次的冲锋。交战之初，米提亚德把军队列成长方阵，以主力集中于两翼，中军兵力较弱。两军接触后，雅典中军受波斯军的压力向后退却，而两翼则以机敏迅速的急进军突破了波斯军的弓箭射击，以密集方阵击退了波斯军的两翼，致使波斯军阵容大乱，纷纷逃向海上的战舰。雅典军的两翼转向后方与中军联合，围歼波斯中军，取得了马拉松战役的胜利。此役共歼灭波斯军6400余人，雅典军阵亡仅192人。战役结束后，斯巴达的援军才赶到，他们列队在战场绕行一周，看到战场上波斯人尸横遍野，惊叹不已。

为了将这一胜利消息尽快告诉给雅典居民，菲迪皮得斯奉命跑步赶回雅典。菲迪皮得斯顾不得路途遥远，一口气从马拉松跑到雅典，到达雅典时他已累得精疲力竭，只说一句“我们胜利了”就倒在广场上，永远地闭上了双眼。

马拉松战役的胜利增强了希腊人抵抗波斯侵略的必胜信心，后来波斯帝国又发动了第三次大规模入侵，结果又遭惨败，显赫一时的波斯帝国从此由盛转衰。

伯里克利塑像

15.雅典的“黄金时代”

希波战争结束后，雅典一跃成为希腊世界最强大的国家，这时候雅典的保守势力有所抬头，其代表人物就是西门。出身雅典名门的伯里克利作为民主派的代表，不断揭发西门贪污腐化、滥用权力的行为，虽然最终西门被判无罪，但贵族派势力受到了沉重打击。公元前462年，西门不顾民主派的反对，率军援助斯巴达镇压黑劳士起义，伯里克利等人趁机掌握了政权。消息传到斯巴达，斯巴达人对雅典援军猜疑不已，劝他们收兵回国。民主派与雅典公民认为西门此行使雅典蒙受了巨大耻辱，便动用公民投票的方式把西门放逐到国外去了。

雅典自公元前508年进行政治改革以来，实行“陶片放逐”法。凡是破坏国家民主制度、企图搞个人独裁的人，经过公民代表大会“选举”，此人即可被赶出雅典。“选举”的方法是公民代表入场时，每人发一块陶片，不准多领和冒名代领。“选举”时，公民代表只需在陶片上写上你想要放逐人的名字就可以。投票后，如果某人票数超过6000票，那么这个人就会被判放逐10年，期满后方能回国恢复公民身份。

公元前444年，积极推行民主政治的伯里克利当选为雅典10将军中的首席将军。古希腊实行民主制度，所有参与执政的官员都要经过公民大会，用抽签的方法决定由谁当选。抽签的方法既简单又有趣：当场放着两只箱子，一只箱子里放着候选人的名单，另一只箱子里放着白豆和黑豆。抽签时，由最先选出的执政官从一只箱子里取出一张候选人的名字，又从另一只箱子里取出一粒豆子。取豆子的人当场张开手，让全场人观看。如果是白豆，这个人就当选；如果是黑豆，这个人就落选。

伯里克利当选为首席将军，实际上是雅典的最高首脑。他代表雅典工商业奴隶主和中下层自由民，特别是海员、佣工等第四等级公民的利益，大力推行民主政治，使公民大会成为雅典的最高权力机构。各级官职向广大公民开放，雅典全体男性公民基本上都获得了不受财产限制，通过抽签、选举和轮换就能出任各级官职的权利和机会。经过伯里克利的苦心经营，雅典的奴隶主民主政体日益完备。

伯里克利制定的政治经济法令大多有利于平民，引起了贵族们的不满。一天晚上，他在侍从的陪伴下步行回家，半路上，有一个贵族跟上了他，一个劲地在身后辱骂他：“你真是个疯子，你真无耻！你出身贵族，却忘掉了贵族朋友，竟然去结交那些下贱的平民！”这个人一直骂到伯里克利的家门口，伯里克利却没有处罚他，而是吩咐他的侍从，把那个骂得口干舌燥的贵族送回家去。

伯里克利本人十分廉洁自律。在他当政的十几年里，没有参加过一次别人举行的宴会，唯一的一次是他的侄子结婚，但他未等开宴就离席而去。当时在雅典的老百姓中流传着这样一句话：伯里克利在雅典只熟悉一条路，那就是通向能和普通公民接触的广场和五百人会议之路。

伯里克利还十分重视文化建设。在他当政期间，一大批著名建筑家、艺术家云集雅典，许多著名的建筑，如雅典卫城的城门、巴特农神庙、可容纳 14000 人的露天剧院以及智慧女神雅典娜铜像等，都是那个时候建造的。后人把伯里克利当政的时代称作希腊的“黄金时代”。

自从西门被放逐后，雅典与斯巴达的关系急剧恶化。雅典与阿尔哥斯、帖萨利亚结成反对以斯巴达为首的伯罗奔尼撒同盟。公元前 445 年，雅典与伯罗奔尼撒同盟缔结了 30 年和约，希腊半岛暂时恢复了和平。虽然签订了一纸和约，雅典与伯罗奔尼撒同盟之间的矛盾并没有消除，公元前 431 年，斯巴达大军攻进雅典境内。伯里克利审时度势，决定退守雅典城，发挥海军优势，避免在陆地上与勇敢善战的斯巴达重装步兵硬拼。

第一年的战争基本上按照伯里克利制订的作战计划进行，就在这时候，意料不到的灾难降临了，雅典城中发生了严重的瘟疫，居民大量死亡，伯里克利本人也死于瘟疫。临死时他说：“我对雅典是问心无愧的。”

16.远征西西里

古希腊战船模型

伯里克利死后，以雅典为首的城邦联盟和以斯巴达为首的城邦联盟打了 10 年仗，双方都拖得筋疲力尽。为了争得喘息时间，双方再一次坐到谈判桌前，签订了 50 年和约。和约签订后的第二年，年轻的亚西比德当选为雅典将军。亚西比德出身豪门贵族，有勇有谋，口才出众，是当时最著名的哲学家苏格拉底的学生。他极力主张重新开战，并煽动出兵远征双方争夺的重要目标西西里。尽管他的主张受到一些贵族和将军的反对，但他的演说打动了许多人的心，最后公民大会批准了他的远征计划，并任命他和尼西亚为统帅，一同率军远征意大利南端的西西里岛。

公元前 415 年 6 月的一个黎明，一支由 134 艘战船、130 艘运输船和 5100 名重装步兵、1300 名弓弩手组成的强大的雅典舰队，停泊在雅典外港，正扬帆待发。亚西比德

意大利西西里岛

站在一艘指挥舰上做出发前的演说:“雅典的公民们,勇士们!今天,我们要去完成一个光荣的使命——征服美丽富饶的西西里。那里有取之不尽的金银财宝!斯巴达人正贪婪地盯着它。如果我们不去,就会落入斯巴达人之手!现在让我们为航行的安全和远征胜利,向伟大的神明祈祷吧!”

就在雅典远征军出发前夜,雅典城内所有十字路口的赫尔墨斯神像都被人砸碎了。赫尔墨斯神是希腊神话中的手工业和商业之神,也是航海和旅行者的保护神。迷信的雅典人认为这是远征的不祥之兆。亚西比德分外恼火,他打算彻底清查雅典城,严惩破坏者,但大军马上就要出发,不容拖延,他只好悻悻地带领军队离开了雅典城。

雅典远征军从爱琴海出发,往西横跨亚得里亚海,不久就在西西里岛东部靠岸,大军迅速登陆,随即与斯巴达的盟友叙拉古的骑兵交锋。就在这时候,雅典派来了一艘国家战舰,带来公民大会的一项命令,要亚西比德立即回雅典受审。原来,亚西比德一离开雅典,他的政敌们便联合起来,在公民大会上通过决议,追查他所犯的渎神和阴谋反人民的罪行。亚西比德接到命令后,只得交出指挥权,随舰回国。中途,他前思后想,觉得回国后不会有什么好下场,就找个机会逃跑了。

消息传到雅典,举国哗然,公民大会对亚西比德做出缺席判决,判处他死刑,并没收他的全部财产。亚西比德获悉后咬牙切齿地说:“我一定要让你们知道我亚西比德的厉害!”于是,他向斯巴达人献上两条建议,一是立即派舰队援助叙拉古,二是同时派出陆军去占领雅典附近的狄西里亚。斯巴达人马上采纳了他的建议,向西西里岛派出了大批援军,并以重兵攻占了狄西里亚。

雅典远征军统帅尼西亚是个主和派人物,原本就不主张远征西西里,而且他还是一个胆小如鼠的家伙,行动迟缓,犹疑不决。他命令士兵在叙拉古城外筑起一道城墙,企图从陆上切断叙拉古外援的通路。谁知雅典人刚筑起城墙不久,斯巴达人就在雅典人的后面筑起了一道城墙,反倒把雅典人围了进来。这一下雅典的士兵全都慌了,一些胆小怕死的士兵和划船手不战先逃,军队给养也发生了严重危机。尼西亚吓坏了,连忙派出使者回国请求增兵,并要求辞去统帅的职务。这时,斯巴达人已经占领了狄西里亚,雅典自身难保,当然不会同意尼西亚的辞职要求,但还是为他增派了70艘战舰和8000名士兵。

经过几次交战,骁勇的斯巴达重装步兵把雅典人打得落花流水,尼西亚退回城里不敢再战，不得不下令撤军。巧的是，就在雅典远征军准备撤退的当晚，忽然发生了月食，迷信的尼西亚找来随军的预言家咨询，预言家告诉他说：“现在撤兵必有灾难，只有等过了三九二十七天才能撤兵。”尼西亚言听计从，于是传令坚守27天后撤军。正是这27天的时间给了叙拉古重整海军、补充军资的大好机会。等到雅典军开始撤退时，叙拉古的海军已将海面完全封锁了，雅典军再一次被打得大败，竟损失了50艘战舰，而叙拉古方面只损失了26艘战舰。

雅典军队已丧失了从海上突围的勇气，只能指望从陆路撤退了。但是4万大军全无斗志，途中不断遭到叙拉古骑兵和步兵的袭击，第一天走了7000米，第二天行进了3000米，到了第五天，雅典军队的粮食全吃光了，只走了不到1000米。走投无路之际，尼西亚不得已向叙拉古人投降。叙拉古人接受了尼西亚的投降，但受降之后，叙拉古人马上把尼西亚斩首示众，并将7000余战俘全部卖为奴隶或押去做苦工。

远征西西里使雅典丧失了最精良的陆军和几乎全部的舰队，此后雅典和斯巴达的战争虽然又持续了将近10年，但是西西里的惨败已经注定了雅典最后失败的命运。公元前404年，斯巴达的舰队封锁了雅典。经过4个月的围困，雅典被迫投降，并且承认斯巴达为盟主。至此，长达27年的伯罗奔尼撒战争宣告结束。

17. 亚历山大解绳结

马其顿原本是古希腊的一个小城邦国家，包括上马其顿和下马其顿，位于希腊北部边陲的一个偏僻地区。公元前4世纪中期，腓力二世上台，经过一系列的改革，国势渐渐强大起来。公元前338年，马其顿打败底比斯、雅典、科林斯等城邦联军。第二年，腓力二世召集希腊各城邦开会，宣布成立联盟，进攻波斯。就在他踌躇满志的时候，一个意外的灾难降临在这个不可一世的国王头上。公元前336年，腓力二世在他女儿的婚宴上遇刺身亡，时年47岁，在位23年。

由于事发突然，在场的大臣们全都不知所措，执政官提醒说，国王在世时指定皇子亚历山大为继承人。众人如梦方醒，立刻来到后宫，把一位年仅20岁的青年人请出来继承了皇位，后人称它为亚历山大大帝。

亚历山大从小就兴趣广泛，聪明勇敢。在他12岁那年，父王得到一匹未被驯服的烈马，驯马时，几名驯马好手都被烈马摔得狼狈不堪。亚历山大走上前去扯过马缰绳，声音柔和地对马说了几句话，它竟然服服帖帖地接受了这个新骑手。见了这一幕，腓

马其顿方阵示意图

力二世惊叹道："我的孩子，征服属于你的领土吧，马其顿对你来说实在太小了！"

13岁那年，腓力二世为儿子请了当时希腊最有名的学者亚里士多德当老师。亚历山大向这位学者学习了三年的历史、哲学和数学知识，学识大长。随后，父亲又让他熟悉和掌握"马其顿方阵"的战法。马其顿方阵是腓力二世征服希腊各城邦时所创立的作战队形，基本队形为手持6米长枪的16人纵队，并有骑兵和排成松散队形的轻步兵掩护配合。作战时，整个方阵常常以坚固的密集队形跑步向前推进，就像一把攻城锤猛烈地冲击敌人的队伍，威力极大。亚历山大以他的聪颖很快地掌握了这种战法。18岁时，国王就任命他担任马其顿军队的副统帅。

腓力二世遇刺身亡后，被征服的希腊城邦纷纷起义，企图借此摆脱马其顿的控制。亚历山大提前得到底比斯人准备起义的消息，就把军队悄悄开到底比斯城外，当底比斯人刚一有所行动，亚历山大的大军就攻入城内，全城的居民转瞬间就成了俘虏，被变卖成奴隶。年轻的亚历山大用两年时间平息了希腊各城邦的暴动，骄傲地宣布自己是希腊—马其顿联军的最高统帅。

公元前334年春，亚历山大率领35000人的大军和160艘战舰，开始远征东方。出发前，他把自己所有的地产收入、奴隶和畜群都分赠给他人。一位大将迷惑不解地问道："请问陛下，您把财产分光了，给自己留下什么？"

"希望。"亚历山大回答道，"我把希望留给自己，它将给我无穷的财富！"

信心十足的亚历山大率领马其顿军队一路势如破竹，很快就占领了小亚细亚，消灭了那里的波斯军队。这年冬天，他到达亚细亚的弗尼吉亚城，在城中的旧王宫里发现了一乘马车。当地人告诉他，这是一辆远古时戈迪亚斯王的战车，车的辕杆上系着一个复杂的绳结。据说戈迪亚斯王当年有过预言，谁能把这个绳结解开，就能占领整个亚洲。自此以后，每年都有很多人来看戈迪亚斯打的结，各国的武士和王子都来试解这个结，可总是连绳头都找不到，甚至不知道从何入手。

亚历山大一听立刻来了兴趣，便走到车前，动手去解那个绳结，谁知解了半天也没有解开。他想了想顺手抽出父亲传给他的宝剑，对准绳结一剑劈下去，那个结立刻被劈成两半。亚历山大笑着对围观的将领们说："管他什么绳结，让整个亚洲在我的宝剑下屈服吧！"

18.火烧波斯波利斯

离开弗尼吉亚城后，亚历山大率部向叙利亚北部挺进，途中，波斯皇帝大流士三世御驾亲征，征调几十万大军出现在亚历山大的背后。波斯人虽然在兵力上占了很大优势，打起仗来却不是马其顿军的对手，一战下来，几乎全军覆没。亚历山大没有穷追猛打，而是继续南进。经过两个月的围攻，埃及人主动投降，马其顿军队不伤一兵一卒就占领了埃及。当时的埃及人不满波斯帝国的统治，把亚历山大视为大救星，埃及法老亲自为年仅24岁的亚历山大加上“法老”的尊称，还称他为太阳神阿蒙之子。在庆功的宴会上，亚历山大不禁有些得意忘形，他说：“英雄的伟大就在于不断开拓疆土，不断增加权力，尽情享受美味佳肴和少女美色。”

公元前333年，亚历山大在伊索城附近打败了波斯王，大流士三世的母亲、妻子和女儿都成了他的俘虏。公元前331年9月，亚历山大在高加米拉与波斯军展开决战，波斯军号称百万，却打了败仗。大流士三世仓皇逃窜，他手下的军官害怕他投降，就把他暗杀了。随后，亚历山大率军一举攻下波斯都城巴比伦，从此波斯降服。

远征前，亚历山大认为只有希腊民族才具有丰富的文明和智慧，其他民族都是野蛮落后的。占领了巴比伦后他才发现，波斯人不但有无穷的金银珠宝，而且也具有超人的智慧。望着波斯国王的豪华宫殿，亚历山大赞不绝口：“这样才像个国王！”此外，亚历山大还发现波斯姑娘长得特别美，尤其是那双深凹进去的蓝色大眼睛，足以令人销魂。他本人就看上了大流士三世的女儿斯塔提拉，准备娶她为妻。

这一天，亚历山大发出布告，说他要在巴比伦举行婚礼。同时他大开恩典，允许他的将领们挑选波斯美女成婚。将领们一片欢腾，转眼间就有无数的波斯美女被拉进马其顿军队的营帐。就在亚历山大举行结婚典礼的同一天，与被征服国女子举行婚礼的马其顿将士有1万人之多。在这个盛大而奢华的婚礼上，兴高采烈的亚历山大高声宣布：“马其顿人和东方女子结婚，可以享受免税待遇。”话音一落，马其顿的将士们立刻

波斯波利斯宫遗址

发出热烈的欢呼声，纷纷表示愿意追随国王征伐任何地方。

亚历山大占领巴比伦后，从宫中搬来了大堆珍宝，看得亚历山大眉开眼笑。就在这时候，一位变节的波斯大臣向他秘密奏道："波斯国的珠宝是世界上最多最好的，陛下所见到的只是一小部分，波斯波利斯旧宫里的藏宝要比这多得多。"

波斯波利斯宫殿建于古波斯帝国的鼎盛时期，整个工程历经三代国王，持续70年之久才竣工。波斯皇帝想要避开喧闹时，就会到波斯波利斯去休养一阵子。根据史籍记载，这座宫殿中有雄伟的百柱厅、坚固的巨门、逼真的雕像、宽敞的台阶，还有众多美丽的浮雕和各种金银彩陶饰品，其豪华程度实为古代世界之罕见。

亚历山大听说还有这样一个地方，第二天便带领大军直扑波斯波利斯而去。当他们闯入这座王宫后，打开了一座座宝库，不禁被里面琳琅满目的财宝惊呆了。有人统计，马其顿人从这里掠夺走的金银财宝有12万塔兰特，约合312万千克白银，调集了20000匹骡马、5000头骆驼才把它们全部运走。这座王宫被洗劫一空后，就燃起了一场大火，一直烧了好几天，最后化为一堆灰烬。

亚历山大为什么要下令纵火烧毁这座金碧辉煌的宫殿呢？历史上有种种说法。一种说法认为，当时亚历山大和他的将士们都喝得酩酊大醉，亚历山大高举着火把走在前头，无数的将领、士兵跟在他身后，边走边高呼"报仇、报仇"，冲进王宫后就放起火来。当熊熊烈火燃烧起来后，亚历山大突然清醒过来，下令士兵救火，但为时已晚。还有一种说法，亚历山大是由于喝酒过多，受了雅典名妓泰绮思的唆使才下令纵火的。亚历山大让泰绮思首先点燃了宫内的一角幔帐，然后他手执火把高呼"跟我来"，领着将士们到处点起火来。在烧毁王宫的过程中，妓女们还唱歌击鼓为他们助兴。

亚历山大大帝地下陵墓

19.马其顿帝国的分裂

征服了整个波斯帝国后，亚历山大本来可以返回家园，但是他征服的欲望并没有得到满足，于是继续挥军攻入印度，占领了印度河上游的广大地区。由于气候不适，马其顿士兵病倒了很多，而且厌战情绪在军中不断蔓延，亚历山大被迫撤军。公元前326年冬天，他再次率军南下，直至印度河三角洲，又因为将士思乡心切，不得不返回巴比伦。

公元前323年，亚历山大在巴比伦突然因发热而病倒，10天后就死了，当时还不满33岁。亚历山大没有留下儿子，继承人成了空白，据说他临死前，他的密友帕提卡斯要求他指定一位继承人，他含糊地说："让最强者继承。"亚历山大死后，马其顿群龙无首，亲信将领们各怀心事，强大的帝国面临危机。

托勒密一世

有人提出，让亚历山大同父异母的弟弟阿里戴奥斯继承皇位，马上就有人站出来反对，理由是亚历山大的皇后正怀着身孕，也许她生出的就是男孩。经过10天的争论，群臣终于达成共识，先让阿里戴奥斯称王而不称帝，帝位留给皇后肚里的孩子，称为亚历山大四世，让帕提卡斯担任帝国的摄政王，负责处理政务。

这个安排引起了多年来跟随亚历山大征战的将领们的不满，他们的真实想法是瓜分这个帝国。根基浅薄的帕提卡斯不敢得罪这帮人，只得同意他们以亚历山大"继业者"的身份，瓜分亚历山大的财产。谁料想此举还是没有什么效果，亚历山大的另一位部将托勒密不甘心只当一个"继业者"，还想当摄政王。

托勒密作战勇敢，亚历山大生前对他十分重用。马其顿军队征服埃及后，亚历山大委任他为埃及总督。亚历山大死在了巴比伦，按照常例，要把他的尸体运回马其顿，葬在老国王的墓地里。只有亚历山大的继承人才有资格主持他的葬礼。托勒密知道这是一个难得的机会，便着手采取行动。

这年秋天，在通往马其顿大道上，走来了一队骑兵，他们是护送亚历山大灵柩的仪仗队。当这支队伍行进到叙利亚境内时，突然从四周涌出数不清的骑兵，把他们包围在当中。为首的一位将领，就是埃及总督托勒密。托勒密对押运灵柩的军官说："先王生前有嘱，他死后应改葬在埃及的亚历山大里亚城，不能归葬马其顿。"

那位军官反驳道："归葬马其顿是所有将领共同商议后的决定，不能更改！"

托勒密不屑于跟他解释，喝令他的手下动手抢夺亚历山大的尸体。相比之下，护送灵柩的仪仗队人数太少了，没有几个回合，亚历山大的尸体就被托勒密劫走了。随后，托勒密在埃及为亚历山大举行了隆重的葬礼，俨然以亚历山大的继承人自居。

摄政王帕提卡斯得到这个消息，对托勒密的行径特别气愤，于是亲率大军征讨埃及。谁知进入埃及不久，就在一片沼泽地里被他心怀不满的部下杀害了。帕提卡斯死后，马其顿的将领们纷纷加入争夺摄政王的行列，马其顿帝国陷入一片混战之中。

公元前305年，托勒密在埃及正式称王，为托勒密一世，定都亚历山大里亚，开创了埃及历史上的托勒密时代。除了托勒密的埃及，亚历山大的另一位部将塞琉古占领了巴比伦，称为总督，再加上马其顿本土，一个庞大的帝国一分为三，历史上称这三个国家为"希腊化国家"。

释迦牟尼诞生地

20. 王子出家成佛祖

大约在公元前2000年，许多白种人从中亚细亚一带经由印度西北山口进入南亚次大陆。这些白种人自称“雅利安”族，而把被征服的土著居民称为“达萨”，意即“奴隶”。到了公元前6世纪初，在印度形成了16个国家。经过长时期的兼并战争，最终在恒河流域建立起以摩揭陀为中心的统一国家。

在古印度的西北部，喜马拉雅山脚下（今尼泊尔境内的兰毗尼一带），有一个释迦族的小王国，名叫迦毗罗卫。国王姓乔达摩，名字叫首图驮那，意思是“纯净的稻米”，所以人们称他为净饭王。王后叫摩诃摩耶，是邻国天臂城善觉王的长女。净饭王与摩耶王后非常恩爱，但结婚多年都没有生育儿女。相传有一天，王后在睡梦中梦见一头六牙白色大象腾空而来，从右肋进入她的腹中，醒来后就发现自己怀孕了。

公元前565年4月，摩诃摩耶就要临产了。按古印度的风俗，不管是王后还是平民妇女，头胎分娩必须回到娘家去。于是，王后就在侍女的陪同下，匆匆赶往天臂城。半路上经过一个美丽的花园，王后一时心血来潮，要在花园里休息一下。谁知刚坐下不久，就觉得腹内阵阵疼痛，不大一会儿，就生下一个男婴。这一天是4月8日，佛教将这一天定为“佛诞节”，也称“浴佛节”。

太子诞生后的第五天，净饭王就请来许多有名望的学者为太子取名字。经过几番讨论，大家一致同意给太子取名叫乔达摩·悉达多。悉达多的意思是“吉祥”和“成就一切”。摩耶王后生下太子七天之后，就因病去世了。国王无奈，只得把王子交给王后的妹妹摩诃波阇波提王妃抚养。

在姨母的精心照料下，小王子一天天长大了，他聪颖好学，文学、数学、哲学样样精通，骑马、射箭、击剑也很在行。老国王对他期望很大，准备把王位传给他。

悉达多从小就喜欢沉思默想，世间的许多现象被他看到后，就很容易引起他的感触。12岁那年，他出城游玩，看见农夫赤背裸身在烈日下耕作，土中的小虫蚯蚓被犁铧翻出来，鸟雀竞相啄食，鸟雀又被蛇、鹰吞食。这一幅幅情景，使王子顿感众生可怜，再也无心游玩，就走到一棵树下静坐沉思，无由地产生了一种要救济世人的想法。

老国王见儿子不关心世事，喜欢清静，内心十分着急，就在他17岁那年，为他选了一位美丽贤惠的邻国公主做妻子。但是悉达多对女人并不感兴趣，结婚之后，还是经常躲避开喧闹的歌舞表演，独自到幽静的树林和河边去散步思考。净饭王以为太子只是对宫里的生活提不起兴趣，就让太子坐马车出去游玩。

悉达多太子乘坐马车来到京城的东门，看见一个弯腰驼背的老人走过来，由此联想到衰老是人人都逃避不了的命运。他叫车夫掉转马车，来到京城南门，又见到一个满身生疮流血的病人，由此联想到人的一生不知要遭受多少疾病的痛苦。随后他来到京城的西门，看见两个人抬着一个死人迎面走过来，不由得联想到每个人都难免一死。最后他来到京城的北门，看见一个出家修道的人从对面走过来。只见他一手持法杖，一手托钵。悉达多心里想：还是出家人好，没有俗人那么多的痛苦和烦恼。

两年后，悉达多美丽的王妃为他生下一个儿子，净饭王十分高兴，下令全国举行庆贺，但悉达多的心情却变得更加沉重。终于，在他 29 岁那一年，郑重地恳求父亲允许他出家修行。净饭王流着眼泪恳求悉达多打消这个念头，将来好继承自己的王位，儿子却不为所动。净饭王无计可施，只好派人严密地看护太子，防止他离开皇宫。

这一天半夜时分，悉达多从睡梦中醒来，看见睡在周围的宫女们一个个披头散发，脂粉残脱，有的在说梦话，有的流出口水，白天的妖艳姿容荡然无存。悉达多不由得心中一惊，感叹这个世界上有许多事物都是虚假的。于是他不再犹豫，起身来到妻儿的卧室，与他们默默地告别后，毅然转身离开了父亲为他修建的豪华宫殿。

悉达多出走后，来到另一个国家的森林里，脱掉王子的衣服，剃掉自己的头发，给自己取名释迦牟尼，释迦是他的族名，牟尼是修隐者的意思。他先后找到三位有名望的学者，向他们学习哲学，然后又躲进深山，跟苦行僧学道。然而，六年的时光过去了，他仍然没有找到脱离人生苦海的办法。35 岁那年，他来到一棵菩提树下，盘膝向东而坐，发誓不彻底觉悟永不站起来。据说他不吃不喝足足坐了七七四十九天，到了 2 月 8 日黎明时分，天上亮起一颗明星，他心中豁然开朗，立刻大彻大悟起来，从此创立了世界三大宗教之一的佛教。

释迦牟尼得道后到处传授他的教义，信徒越来越多，还传到了南亚各国。公元前 486 年的一天，80 岁的释迦牟尼觉得自己快不行了，就在河里洗了个澡，侧身躺在弟子们为他架的一张绳床上，谆谆教导他们继续修道传法，说完闭目而逝。后世的佛家弟子把他的言论整理成书，名为《佛经》，成为佛教经典，释迦牟尼也成了佛祖。

佛祖最后说法地

据说释迦牟尼的尸体火化后，骨灰结成了许多晶莹的小颗粒，佛家称为“舍利子”。南亚各国的国王争相派人前来迎取舍利子，供奉在本国的佛堂里。

21.阿育王幡然悔悟

相传公元前4世纪前后，在古印度北部的旁遮普地区生活着一个养孔雀的家族。他们从深山里捕来美丽的野孔雀，然后进行人工饲养，再把孔雀或色彩艳丽的孔雀羽毛卖给前来收购的商人马队，由他们贩卖到许多国家的王宫里。这个家族及附近的其他家族靠着这一行，过上了衣食无忧的生活。

公元前326年的一天，亚历山大率领的马其顿大军来到这里，他们到处烧杀抢掠，不光抢走了当地人的金银财宝，也抢光了这里的孔雀。这个家族里有一个年轻人叫旃陀罗笈多，他智勇兼备，不甘忍受马其顿人的欺凌，就把族中的青年人组织起来，去袭击马其顿的军队。但他们的人数实在太少了，根本不是马其顿人的对手，旃陀罗笈多想不出更好的办法，只得带领这伙人藏进了深山老林。

一年过后，亚历山大把军队撤走了，在旁遮普留下了一个傀儡总督，还留下一小股人马保护这位总督大人。旃陀罗笈多见时机已到，便派人四处联络别的起义军，势力迅速壮大。不久后，他带领这支部队杀出山来，进攻旁遮普城，打得马其顿人丢盔卸甲而逃。

公元前324年前后，整个印度西北地区都被起义军占领了，他们得到了广大群众的拥护，旃陀罗笈多便在旁遮普自立为王。就在旃陀罗笈多准备登基称王的时候，臣下们才想起这个王朝应该有个称号。有人说："不如就叫孔雀王朝吧！"就这样，一个新王朝便在印度北部诞生了。

旃陀罗笈多称王后，高举反击马其顿人的旗帜，大得民心，一举推翻了难陀王朝的统治，并迫使马其顿的驻军全部撤出印度。当马其顿帝国发生分裂后，旃陀罗笈多率领数十万大军西进，打败了塞琉古王国，还迫使它与孔雀王朝订立了和约。塞琉古王国把阿利亚、阿拉科西亚以及格得罗西亚的一部分割让给了孔雀帝国，旃陀罗笈多一高兴，赏给塞琉古王国500头战象。

孔雀王朝遗迹

旃陀罗笈多死后，他的儿子宾头沙罗继承了父亲的事业，继续向外扩张，使孔雀王国更加巩固。公元前273年，宾头沙罗王病逝。据说宾头沙罗王妻妾成群，所生子女无数，连他自己都记不清楚。为了争夺王位的继承权，在众多的王子之间展开了一场生死搏杀，最后阿育王胜出，当上了皇帝。传说他杀死了兄弟姐妹 99 人，这才坐稳了宝座。

杀人无数的阿育王即位后，仍然改变不了他凶狠嗜杀的作风。公元前 262 年左右，阿育王率军远征孟加拉沿海的羯陵伽国。在这次征战中，孔雀王朝的军队一共杀死了 10 万羯陵伽人，俘虏 15 万人。至此，整个南亚次大陆除了最南端的一小部分外，全都被阿育王占领，孔雀王朝成为古代印度历史上第一个专制大帝国。

羯陵伽一战是印度历史的转折点，也是阿育王一生的转折点。看到战场上伏尸成山、血流成河的场面，阿育王深感痛悔。他与佛教高僧优波毱多多次长谈之后，终于被感召，决心停止武力扩张，皈依佛门，把佛教变成国教。他大力宣扬对人要仁爱慈悲，要善待亲戚朋友和其他人；要多做有助于公众的好事，如修桥造路、种树建亭等；对其他宗教要宽容，禁止不同教派之间互相攻击。阿育王还向佛教僧团捐赠了大量财产和土地，同时在全国各地兴建佛教建筑，据说总共兴建了 84000 座奉祀佛骨的舍利塔。阿育王又派出许多高僧和王子及公主组成佛教使团，到全国各地乃至国外弘扬佛教。东到缅甸，西到埃及、希腊，到处都留下了他们的足迹。由于阿育王幡然悔悟，大力护持佛教，使得佛教走出印度，逐步成为世界性宗教。对于佛教来说，阿育王是仅次于释迦牟尼的第二号重要人物。

阿育王石柱

22.古罗马元老院掌权

古代罗马是以罗马城为中心发展起来的。罗马城位于意大利半岛的台伯河流域，最初只有居住在七个山丘上的村落，到了公元前 6 世纪，罗马人在周围筑起了城墙，这就是罗马城。而根据传说，罗马城的建立要归功于一对孪生兄弟罗慕路斯和勒莫。这对孪生兄弟的外祖父是罗马东南部阿尔班山区阿尔巴国的国王，他有个弟弟阿慕留斯生性残忍，野心极大，夺走了哥哥的王位，杀死了自己的侄子，还强逼侄女担任祭司。按当时规定，祭司是不可以结婚的，可是阿慕留斯的侄女却生下一对孪生子。阿慕留斯下令把这两个婴儿扔到台伯河边，一只母狼哺育了他们，后来他们俩又被一个牧羊人所救，取名罗慕路斯和勒莫。在一个偶然的机会里兄弟俩遇见了自己的外祖父，知道了自己的真实身份。他们奋起反抗，杀死了阿慕留斯，夺回王位，交给了外祖父。

古罗马元老院

兄弟俩离开外祖父后，来到当年被牧羊人发现的地方，打算在这里建一座城市。在决定谁来做这座新城的主宰时，兄弟俩发生了激烈的争吵，罗慕路斯一怒之下杀死了勒莫，成了新城的统治者，并且用自己的名字命名了新城，这就是罗马城名字的由来。

这个故事无疑有许多传说的成分在内，但不全是虚构的，罗慕路斯在历史上确有其人。古罗马的元老院制度就是他创立的，其成员最初是100人，后来增至300人。元老院的成员由氏族长老组成，是罗马国王奉行内外政策的咨询机构，并有权批准人民大会的决议。历史上称这一时期为古罗马的"王政时代"。

元老院中有一把圈椅，坐在圈椅里的是最有威望的元老，居于首位。这个人通常是卸任的高级官员，如独裁官、执政官、监察官等。地位仅次于坐圈椅元老的是卸任的平民营造官、保民官、财务官以及没有担任过任何高级官职的长老。元老院拥有军事、行政、财政、司法和外交等方面的权力，它一旦形成决议，其他行政官员，甚至国王都得去执行。否则，元老院有权罢免现任的各级官吏。由此看来，罗马一建国，就有别于欧洲其他王国的独裁统治，所以后人称它为古罗马共和国。

古罗马"王政时代"的最后一位国王名叫塔克文，他是前任国王的女婿，却率领士兵冲入王宫，杀死了岳父，自己当了国王。塔克文当政后，暴虐无道，置元老院于不顾，很快就引起了罗马人民的不满。就在这时候，又发生了一件火上浇油的事情，他的儿子塞克斯塔斯是个好色之徒，强暴了他的弟媳鲁克丽提娅，致使鲁克丽提娅含羞而死。公元前510年，罗马人民发动起义，要求元老院废除残暴的国王，骄狂一时的暴君塔克文终于在人们的怒吼声中逃出国去。接着，元老院一致通过决议，废除王位，改由每年选出两名执政官执政。从此，罗马建立起了真正由贵族元老院掌握实权的共和国。

贵族掌权后，他们不仅占有更多更好的土地，还享有参加公有土地分配的权力，而平民不能参加公有土地的分配，很多平民不堪重负，不少人沦为奴隶。公元前494年，罗马同周围部落发生战争，在敌兵压境的紧急时刻，平民要挟贵族做出让步，否则就丢下罗马不管。无奈之下，贵族们只得同意平民推选出两名(后增至10人)保民官，以保护平民的利益。

虽然有了平民保民官，但法官都由贵族担任，判案时，他们常常随心所欲地曲解法律，迫害平民，引起了平民的怨恨，他们纷纷要求国家制定统一的法律。公元前461年的一天，数千平民涌到保民官阿萨家门前，强烈要求他为民做主。阿萨好不容易说服了这些平民，然后数次进言共和政府，要求编定成文法律，以便平息平民反对贵族的斗争。经过数年的斗争，直到公元前454年，罗马政府才派出三名使者到希腊考察法律，着手编订法典。

编订法典的工作由大法官克劳狄乌斯主持，首先编出10表，第二年又续编2表，总计12表。经过元老院表决，罗马政府决定，用12块铜板把这些法律刻上去。当时的人认为，铜是最坚硬耐久、又能把文字刻上去的东西。这就是“十二铜表法”。

公元前450年春天，罗马广场上人头攒动，12块金光闪亮的铜表立在广场的一边，人们争相观看和阅读刻在铜表上的文字。十二铜表法条文明确，量刑定罪以条文为准，在一定程度上限制了贵族的不法行为。随着罗马帝国的强大，十二铜表法在欧洲地区推行开来，成为欧洲法学的起源。

23.汉尼拔痛歼罗马大军

随着国家统治机构的完善，罗马变得日益强盛起来，先是占领了整个意大利半岛，随后又攻占了地中海地区。公元前3世纪中期至公元前2世纪中期，罗马和非洲的迦太基之间发生了冲突，进行了长达119年的战争。迦太基是腓尼基人建立起来的，罗马人称腓尼基人为“布匿”，因此这场战争又称布匿战争。

公元前264年，罗马和迦太基为争夺西西里岛发生了第一次布匿战争，这场战争以迦太基的失败而告终。第一次布匿战争落败后，迦太基军队的统帅哈米尔卡·巴卡准备出兵征服伊比利亚半岛，他儿子汉尼拔央求与父亲同行。父亲把他带到柏尔摩洛克神殿的祭坛前，让他庄严宣誓：竭其一生，血战到底，击败罗马，为国为父报仇雪恨。汉尼拔发下重誓，父亲才允许他随军出征。不幸的是，哈米尔卡在这次征战中阵亡。公元前221年，25岁的汉尼拔被任命为迦太基的军队统帅。

迦太基古城遗址

第一次布匿战争后，战败的迦太基国势衰微，受条款所限，无法建立强大的海军，汉尼拔便着手训练出一支精锐的陆军。做好了战争准备后，汉尼拔出兵包围了与罗马结盟的西班牙城市萨贡托，用了八个月时间将其攻陷。罗马方面大为震怒，向迦太基发出通牒，要求将汉尼拔交付罗马人受审。迦太基政府拒绝了罗马人的要求，随后向其宣战，揭开了第二次布匿战争的序幕。

汉尼拔塑像

当时，罗马人完全掌握了地中海的制海权，于是他们把大部分兵力集中在意大利南部，准备直接攻打迦太基城。他们万万没有想到，汉尼拔居然率领38000名步兵、8000名骑兵以及37头战象，在冬季里成功地跨过阿尔卑斯山，直捣罗马的腹地。罗马执政官见势不妙，急忙回军尾追，却在意大利中部的特拉西米诺湖北岸落进迦太基军队的包围圈。在一条三面环山、背后临湖的狭道上，罗马四个军团3万多人被迦太基军队打得乱成一团，几乎全军覆灭，统帅弗拉米尼当场阵亡。

公元前216年春天，汉尼拔攻占了罗马人在普利亚平原的补给重地坎尼，截断了对罗马大军的粮食供应。罗马元老院新选出的两位执政官瓦罗和鲍路斯决心铲除汉尼拔这个心腹大患，便出动8万步兵、6000骑兵，前来与汉尼拔决战。当时汉尼拔只有4万步兵、1.4万骑兵，在数量上不占优势。但是汉尼拔懂得天文学，他观测到坎尼这一带中午时分常有猛烈的东风，于是就在罗马大军来到之前，抢先占据了东边的高地。有的将领提出疑问："高地在海边，背后便是大海，这不是自绝后路了吗？"汉尼拔胸有成竹地回答："你管背后干什么，只要脸能看到敌人就行了。"

罗马军队一见迦太基军队全列在海边，就发起进攻，想一鼓作气把敌军赶进海里。汉尼拔指挥兵士沉着应战。仗打到中午时分，突然东风大作，飞沙走石，迎着海风的罗马士兵被尘沙眯住了眼睛，无法看到对面的敌人，而顺风作战的迦太基士兵毫不费力地就能冲到阵前，近处用标枪，远处用石块，打得罗马大军毫无还手之力。

在这次大战中，汉尼拔还使用了举世闻名的新月形战术。战斗开始前，他将军队部署成中锋凸起的阵形，以引诱罗马军集中攻打其中锋。当罗马军涌入迦太基军阵形中部时，汉尼拔令旗一摇，阵形突然变成了凹陷的弦月状，将罗马主力包围在其中。

经过12个小时的鏖战，罗马大军5.4万人被歼灭，1.8万人成了俘虏，执政官鲍路斯、两位前任执政官、两位财务官、29名军团司令官、80位元老院议员全部阵亡，只有执政官瓦罗率残部得以逃脱。相传迦太基军队打扫战场时，光从战败的罗马士兵身上搜出的金戒指就装了三大筐。

坎尼战役表现出了汉尼拔卓越的军事指挥才能，成为世界古代军事史上一个少有的以少胜多的光辉战例，后世的国外军事史家把汉尼拔称为"战略之父"，"坎尼"也成了包围并全歼敌军大会战的军事术语。

坎尼战役之后，罗马人再也不敢与汉尼拔正面交锋，任凭他在没有后方的情况下，在罗马的疆土上纵横驰骋了15年之久，先后占领了400多个城镇，一度还曾兵临罗马城下。直到公元前203年，汉尼拔才被迦太基政府召回北非，对抗由大西庇阿率领的罗马远征军。

公元前202年，在第二次布匿战争的最后一役扎马之战中，汉尼拔的军队被罗马人击溃。公元前196年，汉尼拔逃往叙利亚等地，投靠当时正与罗马盟国帕加马交战的比提尼亚国王普鲁西亚斯一世。迫于罗马方面的压力，普鲁西亚斯一世打算把汉尼拔交出去，汉尼拔决心不落入罗马人之手，在小亚细亚的俾拉尼亚服毒自尽。

24.斯巴达克起义

"我敢打赌，拿长剑的准能得胜。"

"拿匕首的能赢！我赌20塔仑。"

这样的争论发生在古罗马角斗场的观众席上。他们赌的其实不是金钱，而是角斗士的性命。角斗士本意为"剑斗士"，来源于拉丁语，意为"剑"。这种活动最早起源于伊达拉里亚，约于公元前246年传入罗马。最初斗剑的人只是由普通的武士担任，很少伤及人的生命。后来随着奴隶主贵族生活的腐化，为了寻找刺激和取乐，就改用俘虏和奴隶来角斗，"剑斗士"成了"剑奴"。奴隶主们为了开心取乐，建起了剑奴训练所，专门训练身强体壮、剑法高超的角斗士，定期不定期地聚到一起与别人的奴隶进行角斗。到了公元前1世纪时，随着罗马对外征战的不断胜利，数以万计的奴隶被带回国内，老弱病残者不是被卖就是被处死，个别身体强壮的则被拴上铁链，牵入角斗场上以性命相搏，有时甚至被迫与野兽搏斗，不过是供贵族们取乐的"工具"。

角斗士被带进比赛场后，就开始了残酷的格斗，一直要斗到其中一方流血倒地。如果倒地的一方没有死，观众台上的贵族就会疯狂地大叫大嚷，让胜利者补上一刀。最后，要由观众决定斗败者的命运。台上有一个女巫，她根据观众的意思，大拇指朝上，斗败者就可以侥幸存活；大拇指朝下，斗败者就得当场被处死。一般情况下，女巫的大拇指总是朝下，顿时，斗败者就被杀死在鲜血浸湿的场地上，观众席中立刻爆发出一阵阵的欢呼声。

古罗马角斗场

角斗士们随时都可能在竞技场上丧命，死亡是或迟或早的事情。奴隶主们担心他们铤而走险，对他们的监视格外严密，一举一动都受到严格的限制，他们的脚上还被戴上沉重的枷锁。

公元前73年，一个名叫斯巴达克的奴隶被送到罗马中部卡普亚城的角斗士训练所。斯巴达克是色雷斯人，在一次抗击罗马人侵略的战斗中不幸被俘。按照当时的惯例，俘虏大都被变卖为奴隶。斯巴达克身材魁伟，相貌英俊，贵族们认为他是当角斗士的好材料，就把他送进卡普亚角斗士训练所。在这里，斯巴达克以他的勇敢和智慧，成了角斗士们的精神领袖。他利用一切机会劝说角斗士们宁肯为自由而死，而不应成为贵族们取乐的牺牲品。他利用训练的机会，四处联络角斗士，没过多长时间，就有200多人愿意跟随他逃出去。但由于疏忽，这个逃亡计划被泄漏出去，斯巴达克当机立断，决定提前采取行动。

这天深夜，卡普亚角斗士训练所的铁窗内突然发出可怕的惨叫，几名卫兵急忙赶了过去，想知道发生了什么事情。一名角斗士伸出脑袋说："一个高卢人打死了我们的伙伴，他被我们制服了，你们看该怎么处理他？你们如果不管，我们就勒死他。"

卫兵拿油灯一照，果然死了一个人，还有一个人正被几个人反扭着手。卫兵打开门，命令角斗士把尸体抬出来。这时候，角斗士们突然冲出来，把卫兵打倒在地，拔出他们身上的短剑。紧接着，沉重的铁门被一扇扇打开，砸断了镣铐的角斗士们蜂拥着冲出牢房。在与卫兵的混战当中，有100多名角斗士丧生，只有78人冲出了虎口。

"往北，上维苏威火山！"茫茫黑夜中，斯巴达克高昂的呼喊声划破了夜空。

在斯巴达克的率领下，起义者们在维苏威火山上扎下了营寨。这里山势险峻，易守难攻，只有一条小路可以上山。当时正赶上罗马帝国连续发生饥荒，奴隶们活不下去，纷纷来投奔他们，连一些破产的农民也来加入起义队伍。不久，这支起义队伍就发展到1万多人。

奴隶起义的规模越来越大，罗马元老院大为震惊，急忙派行政长官克罗狄率领3000名官兵前去镇压。官军封锁了通往维苏威山顶的唯一要道，企图把起义军困死在山上。没过多久，山上就断粮了，起义军陷入绝境。这个时候，斯巴达克站了出来，他对战士们说："宁可战死，也不能饿死！"

战士们都赞成斯巴达克的意见，决心下山与官军决一死战。但是下山的路被封锁住了，这可怎么办呢？这一天，斯巴达克看见有人用藤条编织盾牌，不禁心中一动，连忙找来一些人,吩咐他们用藤条编成软梯。这天夜里,官军们还在睡梦当中,起义军顺着软梯,悄悄地从山崖上爬下来,从背后杀进敌营。官军被杀得丢盔卸甲,狼狈而逃,统帅克罗狄差点儿丢了性命。

起义军冲出重围后,打算向北翻越阿尔卑斯山,离开意大利本土。这时候,罗马元老院又派了另一位行政长官瓦伦涅代替克罗狄,率领12000名官军截住了起义军。斯巴达克再次施展妙计,带领起义军利用夜色悄悄地突出重围。

公元前72年,起义军北进到达阿尔卑斯山,已经发展到12万人。就在这时候,起义军内部出现了分歧。包括斯巴达克在内的大部分奴隶,都想离开意大利,获得自由,或者打回家乡去,而参加起义的贫民却不愿意离开意大利。结果,有3万起义军脱离了大部队向回走,在加尔加诺峰(阿普利亚北部)下被罗马军队全数歼灭。

由于气候恶劣,斯巴达克也放弃了翻越阿尔卑斯山的计划,挥师南下。罗马元老院顿时慌作一团,推来选去,最后总算选出大奴隶主克拉苏担任执政官。克拉苏从全国各地调来6个兵团的兵力与起义军作战。在作战中,他实行"十一抽杀律"的办法,对临阵退逃的官兵,10个人里杀死1个。这个办法一实行,官军到了战场上不敢贪生怕死,只得拼死冲杀,再加上双方力量对比悬殊,斯巴达克的起义军胜少负多,斯巴达克打算南下西西里岛,暂避官军的锋芒。

公元前72年秋天,斯巴达克的军队在布鲁蒂乌姆半岛(今卡拉布里亚)集结。本来起义军事先已经跟海盗商量好了,借乘他们的船只过海,谁知西西里总督用重金收买了这伙海盗。海盗背信弃义,拒绝运送起义军。斯巴达克想自造木筏渡过海峡,这个想法也未能得到实现。官军们步步紧逼,最后将起义军逼到意大利半岛的最南端。

老奸巨猾的克拉苏在起义军军营后面构筑了一道防线,切断了起义军去意大利的退路。这道防线是一条两端通海的壕沟,沟上筑有围墙。起义军用土和树木填平了壕沟,强攻筑垒,突破了官军的防线。起义军虽然获得强攻的胜利,但损失了大部分兵力。

古罗马士兵雕塑

为了尽快把起义军镇压下去,罗马元老院又派出两路援军驰援克拉苏。如果让这三支罗马军队合兵一处,起义军必败无疑。斯巴达克毅然决定,与克拉苏的军队提前进行总决战。公元前71年秋天,一场殊死的决战打响了。官军排着密集的方队,在一阵紧似一阵的鼓声中向前逼近,弓箭和石块像雨点一般飞来。斯巴达克骑着黑马,挥舞长矛,奋不顾身地左冲右突。他要找到克拉苏,亲手杀死这个刽子手。突然,他的腿部中了一枪,跌下马来。战士们把他扶到马背上,大声地叫着让他逃走。斯巴达克却跳下马来，一刀把马杀了，表示要与战友们血战到底。

这场残酷的战斗持续了半个多月，斯巴达克始终奋战在最前列，直至身中数十枪，倒在了血泊中再也没有站起来。起义失败后，6000名被俘的奴隶被钉死在罗马至卡普阿沿途的十字架上。流散在各地的起义军，在意大利许多地区仍坚持战斗了若干年。

25.恺撒远征高卢

斯巴达克起义有力地震撼了罗马奴隶制的基础，促使奴隶主内部发生分化，出现了主张改革的民主派和反对改革的共和派。罗马城中民主派的代表人物是马略，共和派的首领是苏拉。青年贵族恺撒的姑父就是马略，因此恺撒刚一登上政治舞台，就站在民主派一边。有一次，恺撒公然谴责罗马的独裁者苏拉，结果被驱逐出了罗马城。

据说，恺撒在四处漂泊的路上遭到一伙海盗的绑架。海盗头子见他衣着不俗，就叫他拿出20个塔伦(罗马货币)来换取自由。当时赎一个普通人只需要两三个塔伦。恺撒听了海盗的要价，不屑一顾地说："难道我就值这么几个钱吗？这简直是对我的侮辱。你必须索取50个塔伦，我才肯留下来当人质，让我的仆人回罗马取钱。"海盗头子被他的气派镇住了，不由得对他另眼相看，好吃好喝地优待他。38天后，恺撒的家人用50塔伦把他从海盗手里赎了出来。脱难后，恺撒立刻指挥船队追上海盗，把他们全都送上断头台。

公元前78年，苏拉病死了，恺撒以英雄的身份重返罗马，从此青云直上，升任司法官、大祭司长。恺撒慷慨大度，善于演说，在罗马市平民中赢得了巨大的声誉，但恺撒并不满足于这些，他还有更大的雄心，那就是建立专制的罗马帝国。当时的罗马政局处在贵族元老院的掌控中，恺撒想推翻贵族统治，但他的实力不够。于是，他便和罗马城中另外两个实权人物庞培和克拉苏结成秘密联盟，史称"前三头同盟"。

公元前60年的一天，恺撒、庞培、克拉苏三个人在一所深宅大院里碰头了，恺撒庄严地举起右手，发誓说："为了罗马的前途，为了罗马的民主，我发誓，愿与二位携手并肩，同贵族元老院斗争到底！"

三头同盟中，庞培的威望最高。他曾先后平定过西班牙起义，消灭过地中海上的海盗，征服了小亚细亚。恺撒非常需要得到庞培的支持，于是他就把已经订婚的女儿许配

恺撒塑像

给了庞培，这一手果然有效，第二年恺撒就当选为罗马的执政官。经历过多年的政治斗争，恺撒深知要想在政治上有所作为，就必须先掌握一支武装力量。因此，恺撒在执政官任期届满之后，竭力争取到了山南高卢总督的职位。

古代的高卢（今法国、比利时等地）分为南、北两大部分，南高卢属罗马，北高卢人是一些原始部族。公元前 58 年，恺撒开始了征服高卢之战。他以四个兵团为后盾，用了不到 10 年的时间，发动了八次远征，先后占领了 800 多个城堡，歼灭和俘获北高卢人 200 多万人，把罗马的边界推到莱茵河岸边。

在戎马倥偬的征战空闲中，恺撒还亲自动笔写成了《高卢战记》，其中第七卷写的是他进行第八次远征的经历。公元前 52 年，高卢阿浮尔尼部落首领维钦及托列克斯率领全部落起义，他们烧毁了自己的村镇和粮草，以断绝罗马人的给养。这一招果然厉害，恺撒的部队很快就出现了粮食危机。恺撒眉头一皱，计上心来，马上组织队伍去夺取粮草，结果罗马军队一触即溃，损失了 700 多人。维钦及托列克斯以为时机成熟了，就摆出了决战的架势。他没有想到恺撒早有准备，一个反攻就把维钦及托列克斯的 8 万军队合围在阿来西亚要塞。恺撒又筑起一道十几里长的城墙，切断了维钦及托列克斯与外界的联系。维钦及托列克斯弹尽粮绝，只好投降。

26.恺撒与埃及艳后

恺撒的显赫战绩和卓越的军事天才，赢得了罗马人的欢呼，他的威信日益高涨。更为重要的是，通过在高卢的征战，恺撒训练出了一支罗马共和国最能征惯战的部队，而且这支部队只知有恺撒，不知有国家。恺撒的成功刺激了三头同盟之一的克拉苏，他在公元前 63 年赶到东方去发动对波斯人的战争，希望在那里也能取得跟恺撒同样的成功，不料全军覆没，死在那边。原来鼎足而立的“三头同盟”，只剩下恺撒和庞培两雄并立，彼此日益猜忌，再加上元老院中一些人从中挑拨拉拢，庞培终于和恺撒破裂，站到了元老院一边夫，成为贵族共和派对抗恺撒的首领。

庞培塑像

恺撒还在高卢的时候，庞培联合元老院给他下了一道命令：迅速返回罗马，交出兵权，否则就以“公敌”论处。恺撒知道回罗马交兵权等于自投罗网，他索性一不做二不休，带兵回攻罗马。公元前 49 年，恺撒的军队以迅雷不及掩耳之势攻占了罗马，庞培和大批贵族元老狼狈地逃往希腊，听任整个意大利落入恺撒手中。

庞培虽然离开了罗马，但他还有忠实于自己的军团，国外也有盟友。公元前 48 年，恺撒率军东渡希腊，与庞培的军

克里奥帕特拉塑像

队在希腊内陆的法萨罗展开激战。当时恺撒的兵力约有2.2万人，其中骑兵1000人，庞培的兵力比恺撒多一倍还有余，仅骑兵就有7000人，粮秣充足。但恺撒的军队士气高昂，而庞培那一方统帅指挥失当，结果一败涂地。最后，庞培只带着四个人骑马逃到埃及。

恺撒乘胜带兵追入埃及，当时的埃及国王托勒密十三世胆小怕事，竟派人刺杀了前来避难的庞培，把他的头颅献给恺撒。

恺撒大军屯驻埃及期间，埃及人把他视若神明，上至国王，下至贵族大臣，争相巴结他，给他送上贵重的礼物。一天夜晚，恺撒突然接到报告，说是埃及女王克里奥帕特拉要见他。克里奥帕特拉和托勒密十三世是同父异母兄妹，老国王临终时留下遗诏，让他们俩共同执政。克里奥帕特拉喜欢出风头，兄妹二人之间形成了很深的隔阂。

不大一会儿，就有两个宫女抬着一捆毛毯进来了。按照当时埃及人的习俗，第一次见贵客要送上一条毛毯。恺撒想看看那位埃及女王送给自己的是什么礼物，就让人打开那捆毛毯。让他大吃一惊的是，毛毯解开后，竟然从里面钻出一个千娇百媚的美女来。那美女悄声请求恺撒屏去左右人，然后开口说道："我就是克里奥帕特拉女王，也是送给您的礼物。"恺撒知道这里边一定有文章，连忙请她入座，摆上香茶美酒，殷勤地招待这位女王。

几杯酒下肚，女王就向恺撒吐露了真言。原来，她不想与兄长共同执政，但托勒密十三世的势力强大，因此她想借助恺撒的力量，帮助她完成单独执政的心愿。

按理说恺撒不应该答应这个无理要求，但人家主动投怀送抱，那就得另当别论了。过了不久，托勒密十三世跟随恺撒出征，溺死在尼罗河里，恺撒趁机扶持克里奥帕特拉总揽了埃及一切大权。为了取悦恺撒，克里奥帕特拉对他百般逢迎，还给他生出了一个小恺撒来。但按照埃及的国情，女王不能单独执政。为了掩人耳目，克里奥帕特拉又选了另一位异母兄弟托勒密十四世与其结婚，共同执政，实际上是找了一个傀儡。过了一段时间，克里奥帕特拉又嫌托勒密十四世碍手碍脚，就用毒药把他毒死了，另立自己年幼的儿子托勒密十五世为国王。

27.刺杀恺撒

公元前45年，恺撒正式宣布自己为终生独裁官。此外，他又获得了监察官、终身保民官、大祭司长等头衔，集政治、军事、司法和宗教大权于一身，还被人送上罗马"祖国之父"的称号。恺撒的独裁统治，使罗马一跃成为欧洲第一大国、军事强国。他又进一步改革了政体，使他的权力达到了顶峰，人们都把他看成是"无冕之王"。然而，深受罗马共和制度熏陶的罗马公民痛恨专制君主的独裁统治，人们对恺撒越来越不满，一些共和派分子开始密谋刺杀恺撒。

恺撒有个好友叫布鲁图斯，为人刚正不阿，深受罗马市民的尊敬与信赖。布鲁图斯担任过庞培的骑兵副将，交战时被恺撒俘虏了，但是恺撒并没有杀他，还提拔了他。筹划暗杀行动的刺客团想把布鲁图斯拉进来，但他感念恺撒的恩德，不忍心背叛他。可是他架不住共和派分子的一再游说，最后还是改变了主意。

公元前 44 年 3 月 15 日，元老院邀请恺撒前去参加一个会议。在此之前，恺撒的妻子梦见恺撒浑身是血地躺在她的怀里，她认为这是一个不祥的兆头，就劝说恺撒不要到元老院去。恺撒信了她的话，可是元老院一再来人请他动身，恺撒只得离开了家门。途中他遇到一位智者，智者对他说："今天是你的灾日，万不可去！"过于自信的恺撒没有相信他的话，继续向元老院走去。走到议事厅门口时，有人塞给他一块记事板，上面写着暗杀他的阴谋，恺撒一眼也没看，就把它装进口袋里。恺撒坐下后，刺客们立刻发出信号，40 多人手持短剑一拥而上，没有防备的恺撒只能用那块记事板来抵挡。忽然，恺撒在人群中看到布鲁图斯，痛苦地说道："你也有份吗，布鲁图斯？"说完，他就用衣服遮住自己的脸，不再抵抗。恺撒身上连中 23 刀后，不久就气绝身亡了。

就在恺撒遇刺前，克里奥帕特拉和托勒密十四世一起来到罗马，住进了恺撒的私人宅邸。恺撒兑现当初许下的诺言，在罗马建造了一座维纳斯神庙，用来祭祀克里奥帕特拉的祖先，他还给克里奥帕特拉铸了一尊黄金塑像，竖立在女神像的旁边。眼看着自己就要成为罗马世界最尊贵的女人，不料恺撒遇刺身亡，克里奥帕特拉的美梦顷刻间化为泡影，只得神情黯然地离开了罗马。

28. 屋大维独掌大权

恺撒有个甥孙叫屋大维，从小聪颖勇敢，深得恺撒的欢心，于是恺撒就收他做了养子，并指定他为继承人。恺撒遇刺身亡时，18 岁的屋大维正在阿波罗尼亚军中，他招募了很多恺撒旧部，然后开进罗马，和恺撒的部将安东尼、重要同僚雷必达组成"后三头同盟"，动手清除刺杀恺撒的凶手及其党羽，同时大肆株连，有 300 名倾向民主的元老和 2000 名骑士被处死。在此期间，安东尼的势力越来越大，他先是在腓力比战役中击败了共和派领袖布鲁图斯和喀西约的军队，然后前往东方行省巡视，筹措资金。公元前 41 年，安东尼到达西利西亚的塔尔苏斯，在这里他派遣使者前去埃及召见克里奥帕特拉。此时的埃及社会危机日益加深，克里奥帕特拉觉得自己又能抓住一根救命稻草，于是就乘坐一条豪华的楼船前去应召。一见到克里奥帕特拉迷人的风姿，安东尼不禁神魂颠倒，当即答应了她提出

屋大维塑像

的所有要求，还跟随她一起到埃及去过了一个冬天。

安东尼在东方的所作所为，特别是他与克里奥帕特拉的关系，引起了罗马人的非议，继而惹怒了他们。公元前31年，安东尼私自将罗马的征服地赠给克里奥帕特拉及其子女，还准备迁都亚历山大里亚，这些做法引起了公愤，罗马元老院召开大会，宣布安东尼为“祖国之敌”，并剥夺了安东尼的执政官职务以及其他一切权力。

就在这一年，屋大维亲率大军，前往希腊的西海岸，在亚克兴海角与安东尼和克里奥帕特拉的联军举行会战。正值战斗方酣之际，安东尼指挥的右翼进攻受挫，克里奥帕特拉乘坐的战船却突然撤离战场，向埃及方向驶去。安东尼担心自己的心上人出事，竟然抛弃了自己的舰队，尾追克里奥帕特拉而去，结果安东尼的海军全数被歼灭。

公元前30年，屋大维进攻埃及，包围了亚历山大里亚。安东尼见大势已去，伏剑自刎，克里奥帕特拉躲进墓堡，但还是被屋大维智擒。屋大维生擒克里奥帕特拉自有他的目的，他是想把她带回罗马，在举行凯旋式时示众。克里奥帕特拉不想遭受这样的侮辱，她让忠诚的侍女们把一条小毒蛇装在无花果的篮子里送到她面前，她抓起小蛇放到自己的胸前，结束了她风流的一生。屋大维满足了她临死之前的要求，把她和安东尼埋葬在一起。

随着克里奥帕特拉的死去，统治埃及200多年的托勒密王朝彻底灭亡，埃及领土全部并入罗马帝国的版图。回到罗马后，屋大维开始掌握一切国家大权。公元前28年，屋大维获得了“奥古斯都”(神圣、至尊的意思)称号，建立起了专制的元首政治。从此罗马帝国走上了一条帝制的道路，实际上屋大维就是罗马帝国的第一位皇帝。

29.“上帝之子”耶稣

公元前1世纪，巴勒斯坦地区的人民在罗马帝国的黑暗统治下，过着悲惨的生活。他们虽然多次举行暴动，但都一次一次被残酷地镇压下去。在悲观、失望的时候，他们想到了上帝耶和华。

在公元前20世纪前后，古老的犹太民族就有了自己的宗教——犹太教，信奉的是上帝耶和华。世界上的一切都是上帝在七天之内创造出来的，第六天上帝照自己的模样创造了人。上帝看到他创造的人类苦难太多，就准备派他的儿子基督(意思是“受膏者”，希语发音为“弥赛亚”)降临人间，把他们拯救出苦海。

耶稣是基督教的创始人，也是基督教徒所信奉的救世主。关于他的降生，有这样一段传说：有一位美丽的姑娘名叫玛利亚，她和一个叫约瑟的年轻人订了婚，但还没等结婚，她就怀孕了。约瑟非常苦恼，就想解除这个婚约。一天晚上，他在梦中见到一位天神从天上飘然而下，对他说："约瑟，你放心娶玛利亚吧。她怀的是上帝的儿子，叫耶稣。他会把人类从罪恶的痛苦中解脱出来，让他来拯救世界。"

约瑟一觉醒来，就遵照天神的嘱咐，娶了玛利亚。

公元元年的一天，约瑟和玛利亚来到耶路撒冷城。当时正值冬季，天气寒冷，他们找不到合适的住宿地，只好借住在一个马棚里。就在这天夜里，玛利亚在马棚的马槽里生下一个男孩。约瑟给他取名耶稣。耶稣出生的当天，天上有一颗明亮的星星落到了耶路撒冷，有几个东方博士看到后，高兴地叫道："救世主基督降生到人间来了！"

耶稣降生的故事对世界文明影响很大，全世界通行的公元纪年，就是以耶稣降生的那一年为公元元年。

相传耶稣 12 岁时，曾跟随他母亲去游览神殿。他进了神殿后就不愿离开，连回家都忘了。母亲来找他，他反问道："为什么找我？你们不知道我应在我父亲的家里吗？"这个故事说明，年轻的耶稣已经意识到自己是上帝的儿子，在人间负有重大使命。耶稣长大后，走遍了中东各地，在约旦河边，接受了一个名叫约翰教士的洗礼。据说受了洗礼就是接受了上帝的圣灵。

30 岁时，耶稣开始收徒传教，劝导人们信仰上帝。传说耶稣具有非凡的本领。有一次，一个瞎子在路旁要饭。耶稣问他："你要我帮助你什么呢？"瞎子说："主啊，我想见到东西！"耶稣摸了一下他的眼睛，说："好了，你的信仰使你得救了。你可以看见东西了。"瞎子的眼睛果然能看见东西了。

还有一次，耶稣和他的门徒来到一个城里。他给城里的人看完病后，又让门徒拿东西分给众人吃。可是门徒的手里只有五个饼、两条鱼，而等着吃饭的有 5000 人。耶稣把饼和鱼掰开分给众人，他不停地掰，5000 人都吃饱了，剩下的饼和鱼还装了 12 个大篮子。

耶稣救苦救难的善行遭到了官吏和祭司们的嫉恨，他们串通一气，用 30 块银币买通了耶稣的门徒犹大，把耶稣抓走了。耶稣被捕后，以"谋叛罗马""自称犹太王"的罪名被处以死刑，钉在十字架上。据说耶稣死后第三天就复活了。耶稣复活的那天，是过春分月圆的第一个星期日，后来被基督教定为"复活节"。基督教又把耶稣的生日（12 月 25 日）定为"圣诞节"。

耶稣死后，他的信徒们前仆后继，以不怕死的精神到处传播基督教，使得基督教的影响越来越大。公元4世纪时，罗马统治者认为基督教对他们的统治有利，就把基督教定为国教。从此，基督教以更快的速度传遍全世界，成为世界上三大宗教之一。

尼禄塑像

30.暴君尼禄

公元54年，16岁的尼禄接管了罗马帝国的王位。尼禄的父亲是罗马帝国的一个官员，在尼禄3岁时就死掉了，他母亲阿格里庇娜又嫁给了克劳第厄斯皇帝。阿格里庇娜劝说老皇帝丢开自己的亲生儿子，把王位传给尼禄。当78岁的老皇帝露出悔意时，毒如蛇蝎的阿格里庇娜用一盘毒蘑菇把他毒死了。她又用一大笔钱收买了宫廷卫队，然后正式宣布尼禄即位称帝。

尼禄当上皇帝后，还不能随心所欲地行使最高权力，因为他母亲要分享他的权力，还常常以女王身份自居，这使尼禄十分恼恨，竟萌生了杀母的恶念。有一次，他在海滨举行宴会招待母亲，然后派一条动过手脚的船送她回家，结果这条船在大海上破裂成了碎片。谁知阿格里庇娜没有被淹死，游到了岸边，并派人给尼禄送信。尼禄在和信使讲话时，偷偷在地上放了一把匕首，然后脸色一变说，他母亲派人来刺杀他。有了这条罪状，他母亲就丧命在他的亲兵之手。

从此，尼禄开始胡作非为起来。他15岁时娶了继父克劳第厄斯的女儿奥克塔维娥为妻，但是他十分厌恶这个安详的女孩子，婚后不久就把她放逐到一个岛上，后来又把她杀死了。他又杀了第二个妻子波比亚，只因为有一次她抱怨尼禄回家太晚。尼禄的第三个妻子是斯塔蒂丽亚，她原是有夫之妇，为了把她弄到手，尼禄把她原来的丈夫杀死了。尼禄的老师对他的行径实在看不下去了，就劝说他收敛一下。尼禄不但不听良言相劝，还勒令他的老师自杀。自此以后，罗马宫中上自贵族元老大臣，下到侍卫侍女，谁都不敢说一句不中听的话。

尼禄从小就喜欢演戏，自以为多才多艺。起先他只是在宫中演出取乐，后来他跑到剧院里公开演出。可笑的是，他的表演过于拙劣，不能赢得观众，他居然下令紧闭剧院大门，不许观众中途退场。

公元64年7月18日夜晚，罗马城里烧起了一场无名大火，整整烧了39天，全城14个区有3个被全部烧光，7个遭到严重毁坏。火灾发生后，尼禄不但不想办法解救灾民，反倒大兴土木，为自己建造了金碧辉煌的宫殿，天花板修成可以转动的，一边转一边往下撒鲜花。

不久，罗马城中传言四起，说那场大火是尼禄故意放的，为的是重新建造皇宫。还有人声称亲眼看见他站在高塔上，穿着戏装，面对下面的一片火海，弹奏着里拉琴，演唱他写的关于特洛伊陷落的民谣。消息一传开，罗马人齐声咒骂尼禄是个昏君。

尼禄的倒行逆施激起了人民群众的奋起反抗，尼禄的雕像被玷污，墙上出现咒骂他的标语，最后就连罗马军队、北非和西班牙的军队也都起来造反，各路军队向罗马挺进，地方官员纷纷宣布背叛尼禄。罗马元老院立即开会，宣布尼禄为非法国王，是人民公敌。尼禄一觉醒来，发现宫中空无一人，还吃惊地问道："我的朋友和敌人怎么都失踪了呢？"

尼禄听说元老院已经做出决定，要用宗法处决自己，先扒光衣服，然后用荆条抽，直至抽死为止。他吓坏了，拿出两把锋利的匕首准备自杀。可是他没有这个勇气，就要求一个随从先自杀，给他做示范，但没有人听从他。天快亮时，远处突然传来人喊马叫声，他藏匿的地方被发现了。尼禄把一只匕首放在一个随从的手里，然后抓住这只手向自己的喉咙刺进去。只听见一声大叫，尼禄倒在血泊里，结束了他罪恶的一生。

31.攻陷耶路撒冷

耶路撒冷

公元前 63 年，庞培率领罗马大军征服了巴勒斯坦地区，在耶路撒冷建立起隶属罗马的傀儡政权，从此犹太人就陷入了苦难的深渊。在罗马人的统治下，苛捐杂税繁多，处于社会最底层的奴隶们首先起来反抗，但由于起义的规模比较小，很快就被镇压下去了，大批起义者被钉在十字架上。

耶路撒冷城中有一座圣殿，那是先王所罗门即位后花费 10 年时间建成的，在犹太人的心目中具有至高无上的地位。罗马人攻占了耶路撒冷后，听说圣殿里有一个金库，就挥舞着刀剑蜂拥般冲进去，杀死了教士僧侣，到处寻找那个金库。可是他们一连找了三天，连金库的影子也没有找到。罗马人恼羞成怒，竟然砸碎了神殿中巨大的神龛，发现了一个神秘的洞穴。他们点上火把，小心翼翼地走了进去，灿烂夺目的黄金和各种奇珍异宝出现在他们眼前。罗马人简直快要乐晕过去了，他们发疯一般扑上去，把这里的珍宝抢了个精光。

这个消息很快就传遍了约旦河流域，犹太人被激怒了，纷纷拿起武器，组成了一支浩浩荡荡的队伍,迅速包围了耶路撒冷,全歼了罗马驻军,史称“第一次犹太战争”。

犹太人的起义使尼禄大为震怒,立刻派大将韦帕芗统领大军6万人前去征讨,却遭到了犹太起义军的顽强反抗,丝毫便宜也没有占到。公元69年,韦帕芗当上罗马帝国皇帝,又命令他的儿子第度全力进攻犹太人。公元70年4月,罗马大军把耶路撒冷城团团围住。为了保卫这座圣城,起义军民英勇战斗,付出了巨大牺牲,但最终还是没有挡住武器精良的罗马人的猛烈攻势,耶路撒冷再度被攻陷。城破之日,罗马人大开杀戒,被钉在十字架上处死的起义者不计其数,被卖为奴者达7万人之众。据说在整个犹太战争中,起义人民死难者达110万人,耶路撒冷古城横遭蹂躏,圣殿被洗劫一空,七宝烛台等圣物被运往罗马。

公元131年,罗马帝国皇帝哈德良突然颁布了一条禁令,禁止犹太教徒举行割礼和阅读犹太律法,在耶路撒冷城建立罗马殖民地和罗马神庙,凡是不从者一律赶走。很多犹太人就这样失去了家园。

面临着国家被灭、圣城被占的严重危机,犹太人忍无可忍,揭竿而起,他们头上扎着白毛巾,手里举着长枪,高呼着“耶路撒冷”的口号,向圣城进军。沿途,犹太人纷纷加入进来。当这支队伍到达耶路撒冷时,差不多有80万人之多。罗马人被这支庞大的队伍吓坏了,慌忙逃离了耶路撒冷。

公元135年,哈德良调集来大批军队,再次扑向耶路撒冷。那些梦想发财的罗马人见人就杀,耶路撒冷再次被攻陷。这次征伐历时三年,罗马人毁灭了50余座城市、近1000个村庄,屠杀的犹太人达58万人,幸存者不得不背井离乡,流落到欧亚各地。

32.罗马帝国的分裂

君士坦丁塑像

自公元2世纪以后,罗马帝国的奴隶制经济日益衰落,与此同时又出现了统治危机,国家大权落到了宫廷禁卫军手中。这支军队原本是屋大维组建的,任务是保卫皇帝,而现在皇帝成了他们的傀儡,哪个皇帝不听话就废掉,从公元235年到284年这49年间,他们一共废掉了24位皇帝。

公元284年,宫廷禁卫军队长戴克里先被推举为罗马帝国新的皇帝。戴克里先登基后,考虑到罗马帝国的疆土十分辽阔,他一个人实在管不过来,就委托他的朋友马克西米安治理帝国的西部,还给他加上“奥古斯都”的封号。这样一来,罗马帝国就有了两个最高统治者,所有的命令都以他们两个人的名义发出,只是西罗马皇帝要服从东罗马皇帝。

公元305年，戴克里先和马克西米安在同一天宣布退位，由各自的女婿继位。戴克里先原以为这种安排万无一失，没想到他退位不久，帝国就出现内乱。公元306年，君士坦丁在军队的支持下当上了西罗马帝国的“奥古斯都”，随后君士坦丁又进行了18年的征战，于公元323年再度将罗马帝国统一起来。

君士坦丁的父亲君士坦乌斯是西罗马帝国皇帝马克西米安的副手。戴克里先退位后的第二年，君士坦乌斯成为西罗马帝国的皇帝。君士坦乌斯去世后，一部分将领拥戴君士坦丁当上了皇帝，但是另一些将领不服气，于是爆发了内战。

公元312年的一天夜里，心事重重的君士坦丁正在为第二天即将到来的大战感到发愁，他的对手是他的最后一个劲敌马克森提，敌军就驻扎在罗马附近的米尔维安大桥对面，君士坦丁没有把握战胜对手。就在他仰望星空之际，突然看到苍茫的天空中突然出现了四个硕大无比的火红色的十字架，上面刻着“以此克敌”的字样。当天晚上，耶稣基督在君士坦丁的梦中现身，吩咐他在士兵们的盾牌上装饰基督的象征，这将保佑他们取得胜利。君士坦丁遵照基督的嘱咐做了，果然大获全胜。这场战争结束后不久，君士坦丁就接受了基督教的洗礼，正式皈依基督教。从此，基督教就成为罗马帝国内占统治地位的宗教。

君士坦丁征服了西部帝国后，西部逐渐衰落下去，罗马也渐渐失去了昔日政治中心的作用。于是，君士坦丁宣布把首都从罗马迁到黑海沿岸的希腊殖民地拜占庭，并将拜占庭改名为君士坦丁堡。君士坦丁是个急性子，迁都的决定一做出来，他就把帝国各地的建筑师和工匠都召集到君士坦丁堡，修建了大量的教堂、法庭和浴池，还在山坡周围兴建了竞技场、集会广场和元老院。为了装饰这座都城，他下令把罗马、雅典以及其他大城市的艺术珍宝统统装船运到君士坦丁堡来，罗马帝国最繁华的城市就这样出现了。

君士坦丁堡

公元337年君士坦丁死后，他的几个儿子开始争权夺利，帝国又分裂成东、西两部分。公元394年，皇帝狄奥多西再度统一了罗马帝国，但不到一年工夫，他在米兰猝然去世。根据他的遗嘱，罗马帝国最高当局做出了一个重大决定：将帝国版图划分为东、西两部分，由他的两个儿子分而治之。18岁的长子阿卡狄乌斯统治东罗马帝国，以君士坦丁堡为首都；年仅11岁的次子霍诺利乌斯接任西罗马的皇位，以拉韦纳(在今意大利东北部)为首都，但名义上的首都仍是罗马。从此以后，统一的罗马帝国在历史上不复存在了。

圣彼得大教堂

中世纪是欧洲(主要是西欧)历史上的一个时代。西罗马帝国灭亡后,在世界范围内封建制度占统治地位,直到文艺复兴时期之后,资本主义才有所抬头。15 世纪后期的人文主义者就把这个阶段称为中世纪。传统上认为这是欧洲文明史上发展比较缓慢的时期,中世纪的早期在欧美普遍被称为“黑暗时代”。从这个角度讲,“中世纪的黑暗时期”专指公元 410 年(或 455 年)到公元 754 年(或 800 年)。而从世界史的角度,中世纪史也叫中古史,指的是公元476 年西罗马帝国灭亡到 1640 年英国资产阶级革命爆发这一历史时期。在这一阶段里,封建制度的形成、发展和解体成为欧洲历史的主线,但是世界各国封建社会的发展是不平衡的,如公元 5 世纪时西欧刚刚进入封建社会,而中国已经走完了约 1000 年封建社会的历程。

史海漫游第二站

摇头晃脑读中世纪

古罗马帝国军用大道

1.西罗马帝国的末日

罗马帝国分裂后,统治西罗马帝国的霍诺利乌斯是个低能儿,所有的大事小情都由他手下一名叫斯底里哥的司令官帮他打理。公元408年,哥特人(欧洲日耳曼民族的一支)的大军开到罗马城下,统率这支大军的就是哥特人中最有名的勇士阿拉里克。出征前,他对妻子许愿说:"我要打进罗马,让城里的贵夫人给你做奴婢,把他们的财宝给你做礼物。"

然而,阿拉里克的美梦落空了,斯底里哥率军出战,把阿拉里克打败了。为了庆祝这场胜利,罗马人举行了盛大的庆典,这是罗马帝国历史上最后一次庆祝胜利,也是角斗士最后一次进行竞技表演。

当时,西罗马帝国还面临着来自伏尔加河的匈奴人的进攻,聪明的斯底里哥决定和阿拉里克结成联盟,以免腹背受敌。这本来是一个相当不错的策略,却遭到了一些别有用心的贵族的攻击,他们造谣说斯底里哥想利用哥特人来推翻霍诺利乌斯,自己当皇帝。无能而又无知的霍诺利乌斯竟然听信了谣言,下令处死斯底里哥,还株连了很多人。斯底里哥的部下既恐惧又愤怒,一下子就有3000多人投奔了阿拉里克。

公元408年,阿拉里克的大军又一次向罗马挺进。他们占领了罗马的港口,断绝了罗马的粮食来源,偏巧这时候城里又流行瘟疫,成千上万的人死去,广场和街道上堆满了尸体。惊慌失措的霍诺利乌斯让元老院的元老们赶紧想办法,他们给皇帝出的主意就是向阿拉里克求和。

阿拉里克听说罗马人想求和,就提出了一个苛刻的条件,必须交出城内的全部金银财宝,才可以饶城里所有人的性命。前来求和的罗马使者压住心头的怒火,对他说:"罗马城里还有很多人,士兵们每天都在操练,他们将进行殊死的抵抗。"

阿拉里克听罢哈哈大笑道:"那很好,草长得越密,割起来就越省力!"

尽管罗马人心有不甘,但人家大兵压境,只得委曲求全,答应献出黄金5000磅,白银3000磅,绸料4000块,皮革3000

张，胡椒3000磅。为了凑足5000磅的黄金，罗马人甚至把神殿中金质的神像都熔化了。哥特人收到了贡品，才允许罗马人出城买粮食。

不久，霍诺利乌斯从君士坦丁堡借来了援兵，又有了非洲运来的粮食，顿时胆气壮了许多，扬言要与哥特人一决雌雄。阿拉里克被激怒了，他对手下的士兵们宣布："攻进罗马城，你们可以任意抢劫三天！"

公元410年8月24日，这是一个雷电交加的夜晚，穿着兽皮的哥特人吹响了凄厉的牛角号，向罗马城发起冲锋。伴随着天空中的电闪雷鸣，哥特人攻破了罗马城的大门。他们冲进罗马城中，果真抢劫了三天三夜，城里的所有金银财宝都被装上大车拉走了。抢光东西之后，哥特人又在城中放起火来，巍峨的殿宇、壮丽的宫殿全都化为一片焦土。

罗马城陷落后的第六天，哥特人弃城而去，向意大利南部推进，途中阿拉里克暴亡。据说哥特人强迫罗马俘虏排干了一条河，把阿拉里克的遗体连同无数的宝物一起埋在河底，然后再把水放进河道里。工程完成后，全部俘虏都被杀死，称雄一时的阿拉里克及殉葬品就这样永远留在了一条不知名的河底。

2."上帝之鞭"阿提拉

匈奴人是来自蒙古大草原一带的游牧民族的总称。几个世纪以来，他们一直在寻找理想的居所，后来他们定居在东欧的匈牙利大平原上，建立起了一个强盛的匈奴帝国。公元433年，阿提拉成为匈奴帝国的国王，在他的统治下，匈奴人的势力达到了巅峰。他率领的匈奴铁骑打得欧洲人闻风丧胆，欧洲人恐惧而无奈地称他为"上帝之鞭"。

阿提拉塑像

罗马帝国分裂后，阿提拉觉得机会来了，首先把进攻矛头对准东罗马。阿提拉智勇双全，匈奴骑兵剽悍善战，打得东罗马皇帝被迫向他称臣，每年缴纳黄金，还把大片土地割让给匈奴人。接下来，阿提拉又打算进攻西罗马，这时候一个偶然事件给他提供了兴兵进犯的借口。

西罗马皇帝瓦伦丁尼安有个妹妹名叫霍诺莉娅，她一向风流，16岁时就与一个宫廷侍卫搞到一起，还有了身孕。这件丑闻传得沸沸扬扬，他的皇兄非常生气，就把她送到君士坦丁堡囚禁起来。霍诺莉娅不知是出于恶作剧还是报复心理，暗中派人给西哥特王西奥多里克送去一封信，声称如能把她解救出来，就许配给对方为妻。同时她又给阿提拉送去一枚戒指和一个口信，表达了同样的意思。西奥多里克根本不相信霍诺莉娅的许诺，但他以此为借口，一路杀进东罗马，沿途大肆抢劫。东罗马人急忙拿出丰厚的钱物，西奥多里克才满意地退兵。

阿提拉同样不相信罗马皇帝的妹妹会嫁给自己，但他觉得有机可乘，就派使者前往西罗马，向霍诺莉娅公主求婚，并要求把包括高卢在内的西罗马一半国土割让给他做嫁妆。尽管瓦伦丁尼安惧怕匈奴人，但如此无理的要求实在难以答应。于是，阿提拉就以迎娶霍诺莉娅为由，率领50万大军侵入西欧。匈奴大军所到之处，高卢各城一个接一个地陷落，惨遭焚毁，大批军民被屠戮。高卢人、西哥特人、阿兰人、勃艮第人全都认识到，凭借自己的力量对付不了阿提拉，于是他们和西罗马联合起来，由罗马大将阿埃丘斯出头组织起一支强大的联军。

公元451年9月20日，在法国东北部的卡拉隆尼平原(在今法国东北沙隆城和特鲁瓦城之间)上，爆发了欧洲历史上规模最大的一次会战。一方是以罗马帝国为首的联军，另一方是号称“上帝之鞭”的阿提拉统帅的匈奴大军，双方在这次会战中总共投入了超过100万的兵力。这次会战只持续了一天，但尸横遍野，血流成河，有16万人在同一天中丧生。

会战开始后，西罗马的军队很快就落到下风，幸亏西哥特人力挽狂澜，才赢得了会战的最终胜利。年过六十的西哥特王西奥多里克亲率铁甲骑兵上阵，结果中箭落马，被蜂拥而来的铁骑践踏而死。王子托里斯蒙继续指挥西哥特骑兵，用凌厉的反击将匈奴人压了回去，匈奴骑兵后撤时慌不择路，迎头撞上了严阵以待的罗马军团，纷纷倒在罗马人标枪的攒射之下。

阿提拉打了败仗后，撤回了匈牙利，第二年他又卷土重来，直抵罗马城下，瓦伦丁尼安吓得逃之夭夭。在这个关键时刻，罗马教皇利奥亲自求见阿提拉，恳求他不要破坏罗马城这座古老而美丽的城市，又许诺把霍诺莉娅公主嫁给他。阿提拉居然被说动了，答应放弃攻打罗马城。这个富有传奇色彩的事件使罗马天主教廷威信大增，中世纪罗马教权在欧洲的统治地位就是从这时开始的。

匈奴骑兵

公元453年，阿提拉迎娶了一位日耳曼族的新娘，婚宴上他喝得酩酊大醉。第二天他手下的将领走进新房，发现阿提拉血管爆裂，倒在血泊中气绝身亡，终年47岁。阿提拉死后，他的几个儿子为瓜分帝国的领地自相残杀，受匈奴帝国奴役的各附属国乘机造反，仅仅两年工夫，偌大一个匈奴帝国就土崩瓦解了。

3."尼卡"起义

查士丁尼画像

公元476年，日耳曼雇佣军首领奥多亚克废掉了罗马城中的最后一个皇帝罗慕洛斯，西罗马帝国宣告彻底灭亡。这时候，旧日的罗马帝国还剩下东罗马帝国(又称拜占庭帝国)在勉力支撑。

公元527年，查士丁尼继承他舅舅查士丁的皇位成为拜占庭帝国的皇帝。查士丁尼是一位雄心勃勃的君主，一心一意要复兴罗马帝国，所以他一上台就任命名将贝利萨留为元帅，向宿敌波斯帝国宣战。公元534年，东罗马军队在非洲战役中取得胜利，拜占庭帝国控制了非洲广大的畜牧基地。在随后的几十年中，查士丁尼依靠新组建的装甲骑兵团，不断对外征战，原罗马帝国的版图大多并入拜占庭帝国。公元528年，查士丁尼下令把古罗马诸帝流传下来的法令和历代法学著作汇编起来，集成《国法大全》(又译《民法大全》)。它是欧洲历史上第一部系统完整的法典，也是欧洲大部分国家法律发展的基础。同时查士丁尼还大兴土木，在首都君士坦丁堡兴建了宏伟的宫殿和富丽堂皇的修道院。由于这些建筑都兴建于拜占庭帝国时期，所以后人称这类建筑为"拜占庭式建筑"。

在古罗马早期，罗马人就喜欢竞技活动，拜占庭人也不例外，他们在君士坦丁堡修建了一座大型赛车竞技场，由四个城区派队参加比赛。为了区分队别，各城区队的服装颜色都不一样，分别为红、白、蓝、绿。久而久之，人们就用红党、白党、蓝党、绿党称呼他们。在这四党中，蓝党成员都是虔诚的正统基督徒，支持皇帝的中央集权；绿党成员都主张地区自治，信仰基督一性论(一种类似异端的教派)。每当举行比赛时，这两党之间就互相辱骂，甚至大打出手。

公元532年1月，又一个竞技日到了，赛场上热闹非凡，四匹骏马拉着双轮赛车在跑道上疯狂地飞驰，车手们你追我赶，看台上呐喊声、喝彩声、鼓掌声连成一片。查士丁尼也在皇室看台上兴致勃勃地观看比赛。突然，观众台上站起不少绿党成员，他们大声指责查士丁尼偏袒蓝党。蓝党成员立即进行反击，双方在赛车场内打起了群架。查士丁尼见事态越闹越大，就下令把闹得最凶的两个人抓起来判处死刑。这两个人一个是蓝党成员，另一个是绿党成员。查士丁尼本想以此显示公正，没想到弄巧成拙，两党化敌为友，联合起来要求皇帝宽恕这两个人。查士丁尼见难以收场，就偷偷地从暗道溜回皇宫。蓝党和绿党的成员们不肯善罢甘休，他们高呼着"尼卡"(希腊语"胜利"之意)的口号，涌到梅塞大道上举行示威游行。

拜占庭王宫遗址

1月14日,示威者呼喊着“杀死约翰”“绞死特里波尼安”的口号,向皇宫方向涌去。约翰是君士坦丁堡的总监,以贪赃枉法而臭名昭著。特里波尼安是查士丁尼的首席顾问,帝国法典就是他主持制定的,人民对他特别痛恨。示威游行很快就变成暴动,城内四处起火,君士坦丁堡最引以为荣的地区顿时化为焦土,占了整个城市的四分之一。

查士丁尼和元老大臣们被困在皇宫里不敢露面。为了平息众怒,他下令撤了约翰和特里波尼安的职,但是起义者的怒火仍然没有平息。时至正午,他们冲进查士丁尼的外甥伊帕迪奥斯家中,死拉硬拽地把他架到君士坦丁广场上,给他戴上一只金项圈权作皇冠,拥戴他当了新皇帝。查士丁尼见势不妙,急忙命宫人将金银细软运到船上,准备逃之夭夭。就在这时候,皇后狄奥多拉挺身站了起来,她责备丈夫道:“头顶皇冠怎可苟且偷安,若陛下去意已决,臣妾恭祝陛下万安。然而臣妾情愿留在此地,我心中牢记那句古语:最美的裹尸布就是皇后身着的紫袍。”

狄奥多拉原是君士坦丁堡剧院的伶人,貌若天仙,查士丁尼第一眼看到她时就爱上了她。她的一席话说得查士丁尼满面羞愧,决意留下来主持大局。他派人潜出城外,与军队统帅贝利萨留取得联络。贝利萨留立即率部穿过浓烟滚滚的城市废墟,来到赛车场正门外,另一支雇佣军部队也在贝利萨留副将的带领下,绕到对面的大门口。两支部队一同杀入赛车场,起义军受到前后夹击,惨遭屠杀,赛车场上血流成河,3.5万起义者命归黄泉。“尼卡”起义终以失败告终。

4.“最后的先知”

公元6世纪时,麦加是阿拉伯半岛上最大的一个城市国家。麦加城中有个叫穆罕默德的人,出生前他的父亲就得病死了,叔父把他抚养成人。从12岁开始,他就跟着叔父长途跋涉去叙利亚经商。在经商活动中,他了解了阿拉伯半岛上的社会情况。25岁时,麦加一位富孀赫蒂彻雇他替自己做生意,几次接触后,这位富有而多情的女子就爱上了他,毅然决定嫁给他。这样一来,他一下子就成了麦加城里的富人。

穆罕默德有了社会地位,对公众事务更加热心,因为他处事公正,人们送给他一个“可靠者”的美名。有一年,麦加城被洪水淹了,重建时各部落首领都争着要把一块神圣的大黑石放回原处。为了解决这个争执，穆罕默德让大家在地上铺一块大白布，将那块石头放在白布中央，然后让各部落首领一起扯起这块白布，将圣石抬到城市中央，由穆罕默德动手将大黑石安置下来。

当时的阿拉伯思想家们每年都要远离世人，隐居一段时间，思考各种社会问题。穆罕默德效仿他们，经常去麦加北面20多千米外的希拉比，隐居在山顶的一个小山洞里，昼夜沉思冥想。经过几年的思考，他的思想逐渐成熟，认为真主安拉是世上唯一的神，是全世界的主。相传穆罕默德40岁那年，再一次来到希拉山洞，有一天他在梦中见到一位天使手捧经卷来到他面前，天使教他宣读："你的主最尊严高贵，他教人们使用笔杆，传授人类以他们原先不懂的智慧。"这是天使在传达安拉的神谕，让穆罕默德成为"先知"。从此，穆罕默德便以先知的身份开始了他的宗教活动。

刚开始时，穆罕默德传教是在秘密状态下进行的。后来，他招收了40个信徒公开传教。他把他的教义称为"伊斯兰教"。"伊斯兰"是阿拉伯语的音译，意思是"顺从"，即服从真主安拉。穆罕默德号召人们归心安拉，信崇穆罕默德是安拉的使者和先知。在穆罕默德生活的时代，酗酒成风，氏族成员和部落之间战乱不已，活埋女婴成风。穆罕默德告诫人们要戒酒，避免部落和氏族之间的战争，禁止残杀儿女。

穆罕默德的传教活动得到了广大下层民众的欢迎和支持，却引起了有权有势的贵族和富商们的反对，他们联合起来攻击穆罕默德，还雇佣杀手残害伊斯兰教徒。在这种情况下，穆罕默德动员他的信徒们分批迁往麦地那，他继续留在麦加坚持传教。公元622年，在好友的帮助下，穆罕默德秘密出走，也来到了麦地那。

麦地那位于麦加北面450千米，居住在这里的几个部落都十分虔诚地信奉穆罕默德。在他们的支持下，穆罕默德在麦地那建起了第一座清真寺，规定了伊斯兰教的教规和典礼制度，建立了一个政教合一的政权组织。穆罕默德率领穆斯林武装，用武力与麦加贵族相对抗，进行了一系列的圣战。公元630年，穆斯林武装占领了麦加。麦加的商人和贵族们不得不承认穆罕默德的权威，宣布信奉伊斯兰教。

麦加城圣寺中央有一座立方体的高大石殿，称为克尔白，又称"天房"。穆罕默德创立伊斯兰教后，依照《古兰经》上的记载，把天房定为伊斯兰教徒的朝拜中心。伊斯兰教徒做礼拜时，不管身处何处，都要把天房作为正向。麦加光复后，穆罕默德亲自来到圣寺中，清除了克尔白圣殿内外360尊偶像。第二年，阿拉伯半岛上的各部落纷纷派使团前往麦地那表示友好和归顺，改奉伊斯兰教，史称"代表团之年"。信奉伊斯兰教的人则排着长队，络绎不绝地前往麦加朝圣。直到今天，麦加朝圣的场面依然宏大壮观。

5.“安拉之剑”

麦地那

公元632年，穆罕默德在麦地那病逝。因为他没有儿子，众人推选他的忠实信徒阿布·伯克尔继承了他的职位，称为“哈里发”，意思是“继承人”。阿布刚一即位，刚刚统一不久的阿拉伯半岛再次四分五裂，各地的阿拉伯人纷纷反叛，基督教徒和犹太教徒也站出来公开反对穆斯林的统治。当时，穆斯林的大军正在叙利亚作战，不可能及时地赶回来，阿布派出的平叛部队一上战场就打了败仗，反叛的贝都因人卡萨部甚至推进到麦地那附近。就在这时候，因骁勇善战而被穆罕默德誉为“安拉之剑”的哈立德将军拔剑出鞘了。

哈立德被阿布任命为军队统帅后，立即挥师东进，把剑锋指向贝都因人首领托莱哈领导的叛军。一仗下来，托莱哈就被哈立德赶到叙利亚避难，大批的贝都因人惨遭屠杀。接下来，哈立德又把剑锋指向阿拉伯半岛东部由穆萨里马率领的哈尼法部叛军。

两军在阿克拉巴平原相遇，一场血战开始了。

战斗刚一开始，叛军依仗着人多势众，蜂拥而上，穆斯林军队节节败退。先头部队顶不住了，急忙派传令兵向哈立德求援。哈立德坚决不派兵增援，他对部下呼喊道：“为你之所爱而战吧！这是复仇和妒忌的日子。倘若兵败，你们的少女将被强奸，你们的妻子将被掳掠至敌人肮脏的怀抱！”

身处绝境之中，穆斯林的士气彻底被激发出来，将领们身先士卒，士兵们奋勇冲杀。一名军官把《古兰经》经文贴在长矛上，高呼道：“为《古兰经》而战，穆斯林们，用你们的行动去敬畏它！”说完他扛着军旗冲入敌阵，最终战死沙场。一名指挥官斥责贪生怕死的属下说：“为你们感到悲哀，因为你们如此堕落！”随后他冲入敌阵，英勇捐躯。

哈立德的军队士气大振，高呼着战斗口号勇往直前。叛军抵挡不住，退进一个围有坚固围墙的果园里。一名穆斯林从墙头翻进去，杀出一条血路打开大门，哈立德的队伍像洪水一样涌进果园，顿时哀号四起，那些拼死抵抗的叛军全都死在刀剑之下。

这场战斗打得异常惨烈，哈尼法部有上万人丧命，哈立德的军队也付出了沉重的代价，仅麦地那的穆斯林就有700多人战死，其中39人是穆罕默德的圣门弟子。不过，付出这样的代价还是值得的，各地的反叛力量从此一蹶不振，伊斯兰教又在整个阿拉伯半岛恢复了统治地位。

公元634年，阿布·伯克尔去世，欧麦尔当选为第二任哈里发。他即位之后，便发动了阿拉伯历史上空前未有的大征服运动，这次征服运动灭亡了波斯帝国，打垮了拜占庭帝国，改变了当时大陆上三分之一居民的信仰。

6.穿越大沙漠

这一年初，欧麦尔派出两支军队，对拜占庭和波斯帝国展开了全面进攻。东路大军由哈立德率领，进攻东罗马帝国最富裕的行省叙利亚。当时，哈立德正在巴比伦尼亚地区作战。他不想与东罗马军队发生正面冲突，就采取了一个十分冒险的军事行动，穿越无人敢走的大沙漠，直插叙利亚首都大马士革，从后面包抄东罗马的军队。

要想穿越大沙漠，必须经过伊拉克境内的希拉城。哈立德拿出6万金币送给希拉国王，希拉国王很快就答应借道。哈立德亲自挑选了一支800人骑兵，丢下大量马匹换骑骆驼，只携带少量驮载水囊和粮秣的健马，便向大沙漠里进军了。

这是一段极其艰苦的征程，他们渴了就喝马背上皮囊里的清水，饿了就杀骆驼吃生骆驼肉，用骆驼胃里的水饮马。5天以后，这支队伍无一掉队地走出了茫茫沙漠。稍事休整后，哈立德率领这支精干的突击队经过13天的急行军，突然出现在大马士革东北面的重要关隘素瓦，从后面形成了对大马士革的包围。

这一年的七八月间，哈立德又出其不意地出现在艾扎那代因地区，东罗马军队猝不及防，被打得大败，一部分逃回君士坦丁堡，一部分退守大马士革城。哈立德乘胜追击，将大马士革围得水泄不通。由于大马士革城池坚固，阿拉伯军队实力有限，哈立德没有立刻下达攻城的命令，而是坐待敌营发生变化。

公元635年9月，已被围半年多的大马士革城粮食匮乏，人心浮动，主动提出投降。但大马士革人担心阿拉伯人进城后会烧杀抢掠，就推举城中大主教站到城头上，问哈立德能给大马士革人什么保证。哈立德回答说：“空口无凭，怕你们不相信，最好能把纸笔扔给我。”大主教立刻命人找来纸和笔，扔到城下，哈立德在纸上这样写道：“以真主的名义，哈立德向所有大马士革人保证，阿拉伯人进城后一定保护你们的生命、财产和教堂，穆斯林决不会进入你们的房屋，只要你们每人每年缴纳一个第纳尔(当时的货币单位)和一袋小麦的人头税。”

大马士革古城

哈立德提出的人头税，要比东罗马皇帝规定的税少多了，大马士革人特别高兴，都表示欢迎阿拉伯人进城。就这样，哈立德兵不血刃地占领了叙利亚的首府。

东罗马皇帝希拉克略不甘心丢掉叙利亚这块传统领地，便调集了20万大军，由他的弟弟西奥多拉斯统率，向大马士革扑来，准备与阿拉伯人决一死战。这时，哈立德指挥的阿拉伯军队总数只有2.4万人，面对强敌，他主动撤出了大马士革城。由于他对待叙利亚人很宽厚，有不少年轻的叙利亚人自动拿起武器，跟随他一起作战。

公元636年8月20日，尾随而来的东罗马军队进到约旦河耶尔穆克河谷一带。哈立德首先指挥部队抢占有利地势，切断敌军的交通线，接下来顺着从大沙漠刮来的热风的方向，对敌军发起猛烈的反击。东罗马军队经过了几个月长途跋涉，早已疲惫不堪，酷热的天气又使得许多士兵中暑，变得不堪一击，很快就被以逸待劳的阿拉伯军队打败。统帅西奥多拉斯战死，7万多人被杀。哈立德挥师再占大马士革城，夺取了整个叙利亚。

7."希腊火"大显神威

在进军叙利亚的同时，阿拉伯军队还向伊朗和埃及发动了进攻。公元637年，阿拉伯军队取得了卡季西亚会战的胜利，轻取波斯帝国首府泰西丰，将伊朗并入阿拉伯帝国的版图。公元639年年底，阿拉伯军队突袭埃及成功，一举攻克了皮卢希恩。公元640年，阿拉伯军队又在开罗大败拜占庭军队。公元659年，叙利亚和埃及的大贵族杀死了第四任哈里发，推举摩阿维亚为第五任哈里发，建立起了倭马亚王朝。他将哈里发改为世袭，实际上成了帝国的君主。公元661年，修葺一新的大马士革张灯结彩，阿拉伯帝国正式在这里建立，并在此建都。一个横跨欧、亚、非的新帝国崛起了，阿拉伯世界进入鼎盛时代。

阿拉伯帝国建立后，首先以东罗马帝国作为进攻目标。从公元673年到677年，阿拉伯舰队每年夏季都要进攻君士坦丁堡。由于拜占庭军队准备充分，拜占庭皇帝君士坦丁四世精通军事，每次都能击溃敌军的舰队。

公元678年，阿拉伯军队分水、陆两路再次对君士坦丁堡发动进攻，水路1800艘战舰从叙利亚和埃及港口出发，直扑博斯普鲁斯海峡，同时又有20艘各载100名重装步兵的大型战船紧随其后，准备登陆作战。以往阿拉伯人来攻，东罗马人总是把港口封锁起来，这一次很奇怪，他们竟主动拆除了

设在进港海口处的防卫铁链，任由阿拉伯舰队大摇大摆地驶进港湾。就在阿拉伯人得意扬扬的时候，海面上突然冒出了许多小船，每条小船的船头都安装了一个长长的管子，一名士兵抱着管子坐在船头。当小船在弓箭手的掩护下划到满载攻城器械和士兵的阿拉伯战船前，那个管子中就喷出了一条火柱，犹如一条张着巨口的火龙，很快便把阿拉伯战船吞噬了。见到如此凶悍的武器，阿拉伯士兵吓得四处逃窜，有的浑身冒着大火跳入海中逃生，有的被烧成了焦炭，撕心裂肺的哭喊声响彻天空。阿拉伯海军统帅法达拉斯见大势已去，急忙命令船队撤退，但是为时已晚，约有三分之二的战船被焚毁了。

这种神秘的武器名叫“希腊火”，据说是一个名叫加利尼科斯的叙利亚工匠带到君士坦丁堡的。他是个虔诚的基督徒，为了躲避阿拉伯人的侵略，从家乡逃到了君士坦丁堡。途经小亚细亚时，他发现当地有一种黑色的黏稠状物质，可以漂浮在水面上，还可以燃烧，而且不容易扑灭。其实，这种东西就是石油。加利尼科斯把经过配制的石油液体装进喷射装置里，就制造出了类似于今天的火焰喷射器的武器。这种武器在当时非常先进，难怪阿拉伯人会打败仗。

阿拉伯人遭遇惨败后，被迫与东罗马帝国签订了30年和约，每年还要向拜占庭帝国进贡。拜占庭人欣喜若狂，把拯救了民族命运的神秘火焰称为“防备之火”“海洋之火”。

公元717年，阿拉伯军队兵分两路，再度攻打拜占庭。陆军由哈里发奥马尔二世的弟弟莫斯雷马萨统率，跨过了达达尼尔海峡，从色雷斯方向切断了君士坦丁堡与欧洲的陆地联系。同时，阿比杜斯率领1800艘战船团团围住了君士坦丁堡的水上进出口，此外还有后备部队源源不断地从其他地区增援过来。9月1日，阿拉伯人的一支舰队企图封锁金角湾，拜占庭皇帝利奥三世立即命令海军出战，这一次又是“希腊火”大显神威，一举烧毁了20艘阿拉伯战船，其余的战船成了瓮中之鳖。阿拉伯人被“希腊火”烧怕了，再也不敢突入金角湾了。

利奥三世

公元718年春天，利奥三世得到准确情报后，再次出击，还是使用“希腊火”摧毁了阿拉伯舰队。同年8月，阿拉伯军队被迫撤退，回到叙利亚和亚历山大港的战船只剩下区区10艘。

在“希腊火”的帮助下，阿拉伯人的扩张势头被暂时抑制住了。利奥三世成了人民心目中的救星，他不仅拯救了拜占庭帝国，也拯救了东方基督教世界。

8.迁都巴格达

公元644年，奥斯曼成为倭马亚王朝的第三任哈里发，他一上台就大肆进行经济盘剥，实行亲族统治政策，激起了下层民众和其他部落贵族的强烈不满。穆罕默德的堂弟阿里创立了什叶派，与正统的逊尼派相抗衡，公开否认倭马亚王朝统治的合法性。倭马亚家族的大本营在埃及和叙利亚，这里有一批他们的拥护者，阿里的同情者则集中在伊拉克。

公元694年，倭马亚王朝派性情残暴的哈德亚德吉出任伊拉克行省总督。哈德亚德吉刚一上任，就召集库法(位于今巴格达西南)全城居民训话：“伊拉克邪恶伪善的臣民，你们一向不安分守己。我对天发誓，我会像剥树皮一样剥你们的皮，我会把你们像捆树枝一样捆扎起来，我会像抽打骆驼一样抽打你们！”哈德亚德吉不仅是语言恐吓，还大施铁腕，在伊拉克实行恐怖统治，对反倭马亚的势力加以无情剿杀。

倭马亚王朝的残暴统治激起了伊拉克人民的强烈反抗，大地主阿布·阿拔斯带头起事，他自称是穆罕默德叔父阿拔斯的后裔，联合反对派贵族、下层民众和波斯人，历经三年拼杀，终于在公元750年推翻了倭马亚王朝，夺得哈里发大权，建立了阿拔斯王朝。

阿拔斯心狠手辣，自取王号“屠夫”，登基后不仅杀死了倭马亚王朝的最后一任哈里发麦尔旺二世，就连死人也不放过，除了摩阿维亚和麦尔旺二世一首一尾两个哈里发以外，倭马亚王朝的其他哈里发全都被他掘坟鞭尸，再一把火烧掉。为了断绝麦尔旺家族复辟的可能，他还以开宴会为名，把麦尔旺家族的80多名皇族成员都请来做客，当场全都用刀砍死。

阿拔斯只当了四年哈里发就一命呜呼了，他的儿子曼苏尔继位，成为阿拔斯王朝的第二代哈里发。公元754年，曼苏尔相中了底格里斯河西岸一个名叫巴格达的村落，决定在这里兴建新的都城。为了建造出一座旷世未有的城市，他张贴榜文，招聘新都的总设计师，一位名叫阿布·哈尼法的犹太人拿出的方案最让曼苏尔满意。按照哈

尼法的方案，新建的都城是一座环状城市，由三道同心圆城墙组成，中心是王宫，其他建筑由内向外依次排开，城市最外圈各点与王宫等距。曼苏尔无法想象出这座新城是什么模样，哈尼法就让他的助手沿着未来城市的边缘挖了一道壕沟，沟里填满木材和稻草，然后命人点燃沟中的草木，顿时烈焰冲天而起，形成了一道环状的火墙，蔚为壮观。曼苏尔欣喜异常，马上从世界各地征集来有名的工程师、艺术师、镶嵌工、制瓦工以及各种工匠10万多人，新城于公元762年正式破土动工。

巴格达新都建设历时4年，耗资480多万迪尔汗（银币名称），终于在公元766年竣工。在这座中世纪典型的城堡式建筑中，哈里发的宫殿最为辉煌壮观。宫门上镀着黄金，所以又称“金门殿”。宫殿内的接见大厅高达43.34米，内部装饰十分豪华。宫城中还建有金碧辉煌的大清真寺，以及帝国的第一所高等学府——智慧馆。当时的巴格达与中国的长安、拜占庭的君士坦丁堡，合称中世纪世界三大名城。

丕平画像

9.丕平赠土

自从基督教盛行以来，信教的人越来越多，教士的地位也得到了提高。欧洲的一些国王为了借助教会的力量，就把地位最高的教士尊为教皇。意大利北部有个伦巴德王国，却不把教皇放在眼里，经常挑起事端威胁教皇。公元751年，伦巴德人攻陷了东罗马帝国控制的意大利拉文那总督区，直接威胁到教皇统治的罗马公国。东罗马帝国远离罗马城，虽然有心帮助教皇，却鞭长莫及，教皇只得另外寻求支持力量。

就在这一年，法兰克王国的宫相矮子丕平派出使臣去谒见罗马教皇扎恰里。法兰克王国的国王不理政事，负责宫廷财务和王室地产的宫相就成了国家的实际统治者，不仅掌管王室法庭、官员任免、土地封赏等事务，还能统帅军队。丕平继承父位担任了宫相后，并不满足，还想篡夺王位。丕平不想使篡位显得名不正言不顺，就希望能得到教皇的支持，他这次派使者谒见教皇，就是想探探教皇的口风。

谒见教皇时，丕平的使者向教皇提出了这样一个问题：“是徒有虚名的人做国王好，还是让真有实权的人做国王好？”尽管使者闪烁其词，教皇还是领会了对方的用意，于是讨好地答复道：“在我看来，让真有实权的人当国王要好些，掌权者应为王。”

使者回来后，把教皇的答复传达给矮子丕平，丕平有了底气，马上动手废黜了墨洛温王朝的末代国王希尔德里克三世，把他关进修道院。这一年的11月，丕平篡夺了国王的位置。新即位的教皇斯提芬三世亲自前来为新国王举行宗教仪式。教皇模仿《圣经》上的记载,用圣油涂到丕平和他的妻子、儿子身上。这个仪式使新王朝的国王具有一种神圣的色彩,表示国王是"蒙上帝之恩当选"的神权国王。

丕平如此顺利地实现了称王的心愿,自然对教皇满怀感激。公元754年,伦巴德人再次入侵罗马,教皇亲自前来向丕平求援。丕平出城迎接教皇,让教皇乘马,自己徒步行走。教皇赐给丕平"罗马贵族"的头衔,丕平则投桃报李,出兵打败了伦巴德人,迫使他们放弃了拉文那到罗马城之间的大片土地。丕平索性好人做到底,将这些抢来的土地都赠送给教皇,从此有了教皇国,定都罗马城。

10.查理大帝加冕

公元768年,丕平去世,他的儿子查理继承王位,成为加洛林王朝的第二代君主。查理是一位好战的国王,长年累月率军四处征战,使法兰克王国的版图不断扩张。经过50多次战争,法兰克王国成为一个控制西欧大部分地区的大帝国。

公元795年,罗马教皇阿德一世去世,查理支持利奥三世当选为新的教皇。为了答谢查理,利奥三世为他大唱赞歌,因而引起了罗马贵族们的不满。有一天,他们闯进教皇官邸,逮捕了利奥三世,准备将他送进修道院受刑,还扬言要刺瞎他的双眼,割掉他的舌头。查理得到消息后,亲率大军日夜兼程向意大利进发,直抵罗马城下,用武力解救了利奥三世。

利奥三世重新登上教皇的宝座,但他的心里还是很不踏实,他知道查理前脚一走,那些反对他的贵族还会把自己抓起来,于是他就向查理请求道:"应该把那些可恶的老家伙统统杀掉,免得他们找我的麻烦。"查理二话没说,立刻下令把那些反对利奥三世的贵族全部判处死刑,或者禁锢终身。

公元800年12月25日,这一天是圣诞节,圣彼得大教堂内灯火通明,音乐悠扬,查理和教皇并肩走了进来。弥撒仪式开始了,查理望着基督像,全部身心都沉浸在庄严的气氛中。突然,利奥三世大踏步地走到查理面前，把一顶西罗马帝国皇帝的金冠戴在他头上，并高声宣布："上帝为查理皇帝加冕,这位伟大的带来和平的罗马皇帝,万寿无疆,永远胜利!"参加仪式的教徒们也齐声高呼:"上帝以西罗马帝国皇帝的金冠授予查理，查理就是伟大、和平的罗马皇帝和罗马教皇的保护人。"

教皇本想给查理一个惊喜,却没有想到查理并不领情。他担忧这种做法会带来无穷的隐患，拜占庭的罗马人对于他获得的称号肯定会万分仇恨。查理事后后悔地说："如果知道教皇这样做,就不会在那天去教堂,尽管那是一个伟大的节日。"

关于查理加冕称帝的问题,历史上存在着不同的说法。但不管怎么说,这次加冕是中世纪的一件大事,不仅开创了教皇为皇帝加冕的先例,而且奠定了教廷和王廷对西欧进行双重统治的基础。教皇给皇帝加冕,象征着皇帝的权力受之于教皇,暗含着教皇高于皇帝的意思,为日后的教权与王权之争埋下了祸根。

11.教会的弥天大谎

"丕平赠土"后,东罗马帝国曾要求收回在意大利的这些失地,却遭到矮子丕平的严词拒绝。向法兰克王国求援的教皇虽然感谢矮子丕平,称赞他是"意大利的摄政和保护者",但又感到从"蛮族"国王那里接受献土,实在有些不太光彩，于是就想方设法给这件事情套上一个神圣的光环。

公元 847 年至 852 年，罗马教会偷偷地物色了几名学者,编造出一个十分离奇的故事:君士坦丁大帝自幼患有麻风病,多方求医问药都不见效,城中的祭司告诉他,用婴儿的血洗澡可以祛病,于是就为他找来一些婴儿。临动手的时候,君士坦丁突然动了恻隐之心,下令把这些婴儿都送回家中。当天夜里,他梦见了两个人,自称是基督的门徒圣彼得和圣保罗。他们称赞君士坦丁的仁慈,并且告诉他,要治病可以去找罗马主教西尔维斯特。君士坦丁上台后,大力迫害基督教徒,西尔维斯特为了避祸,藏在民间。君士坦丁派人把西尔维斯特找了来,西尔维斯特拿出圣彼得和圣保罗的画像,君士坦丁一看,正是他在梦里见过的那两个人。于是,西尔维斯特就对君士坦丁宣讲基督教义，然后为他施了洗礼。君士坦丁的麻风病一经受洗就好了，他因而皈依了基督教。为了感谢西尔维斯特的恩德，君士坦丁给教会写了一封信，提出把罗马帝国西部的世俗大权都赠给西尔维斯特。这就是所谓的“君士坦丁的恩赐”。

为了让世人相信这封信是真的，罗马教廷又伪造了一部《伊西多尔文献》。伊西多尔是公元7世纪时的塞维尔主教，精通拉丁语、希腊语和希伯来语，有许多教令传世。造假者把伊西多尔记录的教皇及教会所做的决定收集到一起，编成一部《伊西多尔文献》，同时把君士坦丁的那封书信塞进去。

公元852年，《伊西多尔文献》公布于众，不明真相的人信以为真，而罗马教廷趁机向西欧各国的君主提出权力要求。当时的西欧各国正处在中世纪封建社会初期，国王们为了保住世袭的权力，都不敢得罪基督教会，就承认了这份伪造的书信，把世俗大权让给教会。从此以后，凡是新皇帝登基，都要经过罗马教皇的加冕才算是合法的。各个国家还相继建起了高大华丽的教堂，教士们到处传经布道，不受任何约束。如果有谁敢对《圣经》有所怀疑，就会被宗教法庭送到火刑柱上烧死。

耐人寻味的是，几百年来，这封破绽百出的书信一直被公认为真品。直到1439年，意大利的拉丁文学者洛伦佐·瓦拉用严谨周密的方法，确认这封信是伪造的，才戳破了这个弥天大谎。

12.凡尔登帝国三分

查理大帝统治法兰克王国长达47年，在此期间，他不断对外扩张，使帝国的版图几乎扩大了一倍，成为继罗马帝国之后又一个欧洲大帝国。公元814年，查理大帝去世，他的儿子路易成为皇帝，史称虔诚者路易一世。查理大帝生前留下遗嘱，他死之后王国要按日耳曼的传统，由他的三个儿子丕平、路易和小查理平分。但由于丕平和小查理于公元810年和公元811年先后离世，这个遗嘱实际上等于作废了。

路易一世即位之初，打算把帝国传给他第一个妻子所生的儿子洛泰尔，就在公元817年发布了一个法令，规定由皇帝的长子继承皇帝，这样帝国就不会被分割，他给出的理由是皇帝的名称是不可分的。他的这个决定得到了教会的支持，教会认为帝国的统一与教会的统一是一致的。后来他又改变了主

法国首都巴黎

德国首都柏林

意大利首都罗马

意，打算把大部分领地分给第二个妻子所生的小儿子，即后来的秃头查理二世，从而惹恼了长子洛泰尔，几次起来造反。

路易一世最后决定不分王国了，这一下又得罪了所有的儿子，公元830年，他几个儿子发动宫廷政变，把路易扣押起来，使他成了一个没有实权的挂名皇帝，而他的儿子们则把各自的领地经营成了独立王国。

公元840年，路易一世死了，洛泰尔成了皇帝洛泰尔一世，他的两个兄弟和他彻底撕破脸皮，在战场上兵戎相见。路易的第三子日耳曼路易站到了秃头查理一边，一起攻打洛泰尔。洛泰尔一世在丰特努瓦打了败仗，只得向日耳曼路易和秃头查理求和。公元843年，他们兄弟三人在凡尔登（今法国东北部的一座小城）坐到谈判桌前，经过一番讨价还价，最后签订了一份条约，这就是凡尔登条约。按照这份条约，帝国一分为三：斯海尔德河和缪斯河以西地区，归秃头查理，称西法兰克王国；莱茵河以东地区，归日耳曼路易，称东法兰克王国；介于东、西法兰克王国之间，北起北海，南至意大利中部，包括罗讷河流域，归洛泰尔，并由他承袭皇帝称号。后来，西法兰克王国发展成德意志，东法兰克王国发展成法兰西，洛泰尔领有的北部意大利发展成意大利。近代欧洲的三个主要国家法国、德国、意大利，就是从这个时候开始形成的。

13.征服英格兰

早在公元前3000年到公元前2000年之间，来自伊比利亚半岛的伊比利亚人就来到了不列颠。公元43年，罗马人征服了不列颠，把它改成罗马帝国的一个行省。罗马帝国对不列颠的统治近400年之久，史称“罗马征服”时期。在这个时期里，罗马人并没有占领不列颠的全部，仅仅占领了英格兰的大部分。公元410年左右，罗马兵团撤退，中欧的盎格鲁人、撒克逊人、裘特人、日耳曼人渡过北海侵入不列颠,他们在英伦三岛上建立了许多小国家。直到公元829年,威塞克斯国王爱格伯特统一了英格兰,才逐渐形成了统一的国家。

公元1066年年初,英王"忏悔者"爱德华去世,他没有儿子,威塞克斯伯爵哈罗德二世被推选为国王。爱德华在位期间,与法兰西西北部的诺曼底公国关系密切,爱德华的母亲就是诺曼底公爵的妹妹。爱德华在诺曼底学到了优雅的宫廷礼节,喜欢吟诗跳舞,与其说他是一个英国人,还不如说是一个诺曼底人。在他统治期间,大权实际上落进哈罗德的手中。有一次,诺曼底公爵威廉前去看望不得意的表兄弟爱德华,双方达成一项秘密协议,爱德华把英格兰王室的继承权交给威廉,以换取他对自己的支持。

爱德华死后,威廉把这个秘密公布出来,很多人将信将疑,哈罗德二世则置之不理。威廉怒不可遏,就纠集诺曼底贵族和法国各地的骑士,在教皇的支持下发兵攻打英国。威廉的爵位是从父亲那里继承来的,但由于他是个私生子,即位时年纪幼小,领地内的贵族们不断发动暴乱,想把他推翻。他在镇压贵族叛乱过程中积累了丰富的作战经验,他对这次跨海作战充满了信心。

这一年的9月28日,威廉的军队借助西南风的帮助,在英格兰的佩文西港登陆。当地民兵此前曾四次到海岸边巡逻,都没有发现敌人的踪影,就解散回家了。威廉没有遇到任何抵抗就踏上英格兰的国土,不由得兴奋过了头,一上岸就摔了个大跟头。他马上跳起来说:"你们看,我双手已经抱住英格兰了!"

威廉登陆后,并没有急于向伦敦推进,而是在距离伦敦约97千米的黑斯廷斯停下来。哈罗德很快就率领5000名勇敢的士兵赶到了,选择一条横向的山脊作为防御阵地。10月14日凌晨,战斗打响了。威廉指挥他的弓箭兵发起攻击,哈罗德的步兵用投石和标枪还击,双方打得难解难分。威廉最精锐的部队是诺曼底骑士,但骑兵在崎岖的山地上根本施展不开,几次攻击无效后,就开始向后退却。在中世纪的战争中,骑兵的退却往往是溃败的象征,他们身后的步兵也跟着向后跑,顿时阵形大乱,连威廉也被四处逃窜的骑士从马上撞了下来,顿时战场上到处响起"威廉死了"的呼喊声。就在这千钧一发的时刻,威廉表现出一个统帅应有的勇气,他翻身上马,摘下头盔让每个骑士都能看见他还活着,然后他跃马扬鞭,在战场上来回驰骋,重新振作起军队的士气。

威廉一世画像

危机过后,威廉重新调整部署,命令右翼的法国雇佣兵佯装退却,引诱英军左翼来攻。英军果然上当,结果被诺曼底人干净利落地消灭了。接下来,威廉命令弓箭兵加大射箭角度,利箭像蝗虫一样飞到英军的阵地上,英军不得不举起盾牌防护。诺曼底骑兵趁机快速冲上去，与哈罗德的卫队展开白刃战。这场战斗一直打到太阳落山，最后哈罗德被箭射中了眼睛，战死在金色的威塞克斯龙旗下。

这一年的圣诞节，威廉在伦敦威斯敏斯特教堂加冕称王，这个被蔑称为"私生子威廉"的诺曼底大公成了英国国王威廉一世，后人称他为"征服者威廉"。据说在威廉加冕时，教堂内传出的欢呼声使教堂外的诺曼底侍卫误以为发生了骚乱，他们在惊慌之中放火烧了周围的民房。

威廉当上了国王后，反诺曼底人的起义年年不断，战火几乎烧遍了英格兰全境。威廉经过三年时间的东征西讨，才镇压了所有的反叛者，结束了对英国的军事征服。

罗马教皇乌尔班二世

14.十字军旗开得胜

公元11世纪，来自西亚的塞尔柱突厥人入侵巴格达，强大的阿拉伯帝国开始解体。在战乱中，许多基督教会、修道院遭到破坏，朝圣者无法前往耶路撒冷。1095年，拜占庭帝国皇帝遭到突厥人的进攻，阿历克修斯一世急忙向罗马教皇乌尔班二世和西欧各国的君主求援。罗马教皇喜出望外，认为这是迫使穆斯林改信基督教的好机会，便答应援救拜占庭。

1095年11月18日，乌尔班二世在法国南部克勒芒召开了一场动员和誓师大会，与会的有几千名教士、骑士、封建主、商人、平民和农奴，没有地方能容纳下这些人，他们只好在野外扎营。乌尔班二世站在平台上，用法文发表了一篇中世纪历史上最有影响力的演说："一个来自波斯的民族，塞尔柱突厥人已经入侵我们东方兄弟的国家，他们一路攻到地中海，直到布拉·圣乔治，又侵占了我们的圣地耶路撒冷，他们在大肆蹂躏上帝的国度，毁坏基督教堂，掳杀虔诚的上帝子民，污辱贞洁的妇女，贪婪地饮着受洗儿童的鲜血。如果让那些魔鬼的奴隶统治，那将是件多么令人羞耻的事。如果你们仍然无动于衷，上帝的信徒就会在这次入侵中牺牲更多，所以我要勉励你们，也恳求你们——不是我，是主亲自勉励你们，基督的使者们，督促一切有封爵等级之人，乃至所有骑士、士兵、富人与穷人，都必须迅速予以东方基督教徒援助，把凶恶的民族赶出我们的领土。让我们投入一场神圣的战争——一场为主而重获圣地的伟大的东征吧！让一切争辩和倾轧休止，登上赴圣地的征途吧！从那个邪恶的种族手中夺回圣地吧！"

教皇还当场许诺，凡是参加这次东征的，有罪的完全免罪，欠债的可以延期偿还，并且保证每一个战死者的灵魂都能直接进入天堂。听了教皇慷慨激昂的演说，在场的

人们无不为之情绪激昂。参加东征的人都在衣服上缝上十字作为标记,所以这支军队又被称作十字军。原本规定十字军出发的时间是圣母升天日,也就是 1096 年 8 月 15 日,但是在 2 月份的时候,就已经有一支队伍踏上了征程,这支队伍被称为“穷人十字军”。当时,西欧各国连年饥荒,大批贫苦农民负债累累,他们听说参加十字军可以免付债务利息,出征一年以后还可以免交赋税,不禁欣喜若狂,于是最先集结起来,坚决要求参加圣战。

1096 年秋天,穷人十字军抵达君士坦丁堡。经过长途跋涉,他们已经疲惫不堪,只凭着被煽动起来的对异教徒的仇恨,就向突厥人的重镇尼西亚扑去。一场恶战之后,穷人十字军大部分被歼灭,只有一些人侥幸逃回,残存者不足 3000 人。

1096 年 8 月 15 日,由西欧贵族和骑士召集组织起来的十字军正规部队分四路向君士坦丁堡进发,从而开始了真正意义上的首次东征。他们人数众多,装备精良,一年后在多利留姆城外的平原上与突厥人的数十万大军展开激战。在欧洲人的重甲骑士冲锋战术面前,突厥人迅速溃败,只是几个小时的工夫,除少数突厥人仓皇逃走外,大部分突厥人都葬身在多利留姆的平原上。

1099 年 7 月 15 日,十字军在围攻耶路撒冷一个月后终于将其攻陷,随后便开始了抢劫与屠杀。得胜后,一些参加圣战的骑士回到家乡,受到英雄凯旋般的欢迎,并带回来大量抢掠来的财富,更多的骑士则留在了当地,得到了分封赠予的土地。正如一个随军前往耶路撒冷的修道士所说的那样:“在欧洲只拥有一个村庄的骑士,现在成了一座城市的领主;原来只有几个同伴的,现在成了大富翁。在这里应有尽有,谁也不愿回欧洲了。”

15.萨拉丁克复圣城

1144 年,伊斯兰教徒攻占了埃德萨。1147 年夏天,法国国王路易七世和德意志皇帝康拉德三世各自率领 7 万名封建主和骑士组成的队伍,开始了十字军第二次东征。这次东征的情况与第一次东征大不相同,伊斯兰教徒团结在埃及苏丹萨拉丁的旗帜下,给了侵略者以沉重的打击,十字军的第二次东征遭到彻底失败。

萨拉丁画像

伊斯兰教历史上的英雄萨拉丁是库尔德人，他的父亲艾尤卜早年从第比利斯(今格鲁吉亚)举家迁到今伊拉克北部的提克里特，受塞尔柱苏丹马立克沙之封，成为当地的统治者。1138年，艾尤卜被解职，被迫投奔摩苏尔的赞吉王朝。这一年，他生了一个儿子，取名“萨拉丁”。萨拉丁26岁那年，受赞吉王朝苏丹的派遣，跟随叔父施尔科出征埃及，尽管这次征战以失败告终，但他第一次在战场上得到了锻炼。赞吉王朝分裂后，叙利亚地区的众多将领邀请萨拉丁赴叙利亚主政，萨拉丁逐步成为阿拉伯世界抗击十字军的领袖。

1147年，萨拉丁集结力量进攻十字军第一次东征建立起来的耶路撒冷王国。7月3日，萨拉丁在太巴列湖西岸附近的赫淀包围了十字军。当时正值盛夏，天气酷热，萨拉丁下令阿拉伯军队在十字军营地周围放火，顿时浓烟滚滚，熏得十字军喘不过气来。他们口干舌燥，想到太巴列湖里取水喝，萨拉丁早就对此有所防备，在河畔一线布置了好几道封锁线。十字军战士喝不到水，很多人活活渴死、热死。十字军将领雷蒙不甘心束手就擒，率领骑士发起冲锋，萨拉丁命令阿拉伯军队打开一个口子，放他们逃走，然后再把口子扎紧，将耶路撒冷步兵包围起来，全部就地歼灭。

耶路撒冷王国丧失了军队的主力，无力抵挡萨拉丁的进攻。经过13天的围攻，耶路撒冷陷落。

当年十字军攻克耶路撒冷时，曾大肆抢掠，而这次萨拉丁率军进入耶路撒冷，却没有杀一个人，没有烧一栋房子。萨拉丁只要耶路撒冷人履行受降协议，每个男人缴纳10个第纳尔赎金，每个女人缴纳5个第纳尔，儿童缴纳1个第纳尔，无力缴纳的人则成为奴隶。萨拉丁还免去了7000名穷人的赎金。萨拉丁的弟弟向萨拉丁要了1000名奴隶，随即将他们释放。耶路撒冷主教加以效仿，也向萨拉丁要了700名奴隶然后释放。最后，萨拉丁亲自宣布释放所有战俘，不要一个赎金。

十字军占领耶路撒冷期间，将阿克萨清真寺改成圣殿骑士团的总部，萨赫莱清真寺变成基督教堂。萨拉丁将它们都恢复成清真寺，下令拆除了萨赫莱清真寺金顶上的十字架。有人向他建议拆毁耶路撒冷的圣墓大教堂，萨拉丁没有同意。相反，他把耶路撒冷圣地向所有宗教开放。

埃及萨拉丁城堡

"狮心王"理查塑像

16."狮心王"无功而返

萨拉丁攻占耶路撒冷的消息震动了欧洲，教皇乌尔班三世大为惊愕，继任教皇格利高里八世呼吁立即采取行动，于是有了十字军的第三次东征。参加这次东征的十字军由神圣罗马帝国皇帝"红胡子"腓特烈一世、英格兰国王"狮心王"理查、法兰西国王菲利普二世的联军组成。

理查是英国金雀花王朝的第二位国王，五六岁时就已精通骑术和剑术，10岁时就能在马背上指挥军队进行操练。相传有一次他把手伸进狮子嘴中，然后一把将狮子的心抓了出来，所以人称"狮心王"。理查把驰骋疆场看作儿戏一般，对于他来说，不打仗要比生病还难受。参加十字军需要耗费大量金钱，为了筹集军费，理查不但大征苛捐杂税，还出卖王室的领地和城堡。他甚至表示，只要价钱合适，他愿意出卖整个伦敦城。

"红胡子"腓特烈一世和"狮心王"一样，也是个战争狂。他容貌奇伟，长着一把红色的大胡子，人送绰号"红胡子"。在意大利语中，"红胡子"的译音是巴巴多萨，因此他常被称为巴巴多萨。在意大利人眼中，他就是个恶魔，1159年攻打克里马城时，竟以50名克里马城的儿童作为前驱抵挡矢石。这次东征他已经是67岁的高龄，但还是兴致勃勃，可是出征不久，就掉在小亚细亚南部一条叫萨勒夫的小河里淹死了。统帅已死，德军只得退回欧洲。占领了阿卡港后，菲利普二世称病带领部分十字军回到法国。这样一来，三路大军只剩下"狮心王"理查一路孤军奋战了。

腓特烈一世画像

尽管如此，理查仍然没有退意，继续指挥大军向耶路撒冷挺进。在战场上，理查的确无人能敌，他头戴黑色盔甲，骑着黑色战马，挥动着战斧冲向敌阵，杀得穆斯林望风逃窜。可是萨拉丁自有他的一套办法，不与十字军正面作战，而是不断用小股兵力进行骚扰，专打理查队列中最薄弱的后卫。萨拉丁还下令毁掉十字军前进道路上所有的庄稼和草料，并且在水井里都投了毒。理查的军队费尽九牛二虎之力，好不容易才到达耶路撒冷城下，但由于缺乏补给，无力进行长久的围攻。

就在战争处于胶着状态时，理查的弟弟在法国国王腓力二世的支持下发动了叛乱，理查急于回国平定叛乱，萨拉丁也渴望和平，双方就在1192年9月签署了和平条约。这个条约的有效期为三年又三个月，“狮心王”临走前给萨拉丁写信表示，三年后一定回来一决雌雄，萨拉丁则表示能夺取耶路撒冷的绝对不会是“狮心王”。

萨拉丁不是骑士，却颇有骑士风度。有一次，理查的马摔倒在地，萨拉丁就让弟弟阿迪勒给他送去两匹好马。“狮心王”打到耶路撒冷城下时，染上了感冒，他派遣使者向萨拉丁索要干净的水和水果，萨拉丁慷慨地满足了他的要求。

“狮心王”理查离开耶路撒冷归国途中，在奥地利边境遭到奥地利大公理奥波德的伏击，理查成了俘虏，被交给神圣罗马帝国皇帝亨利六世。亨利得到法王的贿赂，将理查当作战场上的俘虏长期关在特里斐尔丝的山上城堡里。直到1194年，理查答应把英格兰王国交给罗马帝国皇帝，又支付了一笔高达10万英镑(相当于当时英国王室两年的全部收入)的赎身金，这才获得了人身自由。

特里斐尔丝

“狮心王”获释后，仅仅在英国停留了两个月，就带着一笔搜刮来的钱财，进入法国本土向腓力二世发起攻击。这场战争打得很艰难，一直未分胜负。为了筹措军饷，他率军攻打利摩日子爵的领地沙吕斯堡。据说城堡中有12个铸造的骑士像，还有一张黄金打造的桌子。沙吕斯堡易守难攻，理查冒险冲锋，被毒箭射中手臂，不治身亡。

17.儿童十字军

公元1201年，罗马教皇英诺森三世决定仍然像第一次十字军东征那样，由各国的王公贵族组成骑士军团上阵。为了迅速完成这一神圣的使命，十字军决定利用威尼斯的船只由海路直达耶路撒冷，以避开在陆路上与异教徒争锋。威尼斯王国和拜占庭都与埃及有着密切的商业关系，为了消灭商业上的竞争对手，威尼斯人不惜一切代价为十字军提供给养，十字军见钱眼开，居然转而进攻同样信奉基督教的东罗马帝国。1204年4月13日，十字军攻占了君士坦丁堡，进行了长达一周的洗劫。许多古籍图书化为灰烬，金银财宝全被抢光，圣索菲亚大教堂镶满宝石的圣坛也被砸成了碎块，举世闻名的君士坦丁堡成了一座空城。

这次东征之后，西欧流行开一个奇怪的说法，十字军之所以没能解放“主的陵墓”，那是因为成年人有罪，只有无罪的儿童才能收复耶路撒冷。1212年，德国科隆有

一个名叫尼古拉斯的10岁小男孩，在莱茵组织起一支儿童十字军，成员共有2万多名，大多是7岁到9岁的孩子。他们越过阿尔卑斯山，向地中海海岸进发。因为缺乏组织，又没有补给，这支队伍进入意大利境内就溃散了，大部分孩子死于饥饿和疾病，尼古拉斯下落不明。有一些孩子挣扎到了热那亚，企图从海上去耶路撒冷，结果被骗卖到东方做了奴隶。

与此同时，一个法国的10岁牧童斯特凡声称自己在梦中见到了耶稣基督，耶稣乔装成朝圣者的模样，让他转交一封信给法国国王，要求收复圣地耶路撒冷。斯特凡前去给国王送这封信，沿途吸引了许许多多的像他一般大的孩子，最后聚集起3万多人。他们在斯特凡的带领下，来到了马赛港口，准备横渡大海前往耶路撒冷。当地经营船务的商人看到这群孩子就起了歹念，假意要送他们去埃及，再从埃及去耶路撒冷，就这样把他们骗上了船，送到埃及、北非地区卖为奴隶。直到多年以后，当年被卖掉的孩子有几个回到欧洲，这件事情才真相大白。

十字军先后进行了八次东征，除了第一次外，其余七次都以失败告终。1291年，埃及军队攻克了十字军在东方的最后一个据点阿克城，6万多名基督徒遭到屠杀，西亚大陆的十字军国家至此全部灭亡。

18.百年战争与圣女贞德

在英国的封建王朝历史上，有一个特别强大的王朝。它的本名叫安茹王朝，其开创者是法国的安茹伯爵，由于母亲的血缘关系，他继承了英格兰王位，称为亨利二世。亨利二世父亲的帽子上经常插着一朵金雀花，所以人们就给安茹王朝起了个金雀花王朝的雅号。1328年，法王查理四世去世，他没有后代，英王爱德华三世作为查理四世的外甥，与查理四世的侄儿腓力六世争夺起王位，由此触发了一场历史上最长的战争，始于1337年，止于1453年，断断续续进行了116年，史称英法百年战争。

战争初期，英军连战皆捷，法军一败再败，法王约翰二世也当了俘虏，法国王子查理被迫与英国签订了屈辱的《布勒塔尼和约》，把加莱及法国西南部大片领土都割让给英国。1364年，王子查理继位，称查理五世，他改编军队，整顿税制，于1369年起连续发动攻势，几乎收复了全部失地，双方于1396年签订了为期20年的停战协定。1415年8月，英王亨利五世趁查理六世即位后法国发生内讧之机，在阿尔金库战役中

贞德

大败法军，随即占领了法国北部。1420 年，双方再度议和。1428 年 10 月，英军围攻通往法国南方的要塞奥尔良城，这个重要的门户一旦失守，整个法国就有全部沦陷的危险。此时法王查理六世刚死，查理七世新登王位，人心涣散，派不出一员良将去解救奥尔良之围。就在法国人陷入绝望的时候，一个名叫贞德的少女挺身而出，勇赴国难。

贞德出生在法国香槟—阿登大区和洛林大区边界唐瑞米村的一户农家里，她的家乡遭到侵略者的蹂躏后，她的心灵中就埋下了仇恨的种子。1425 年，她才 16 岁，就毅然前往希农城查理七世的行宫谒见国王，声称自己获得了上帝的启示，上帝要求她带兵收复被英格兰人占领的法国。当时的法国王室到了生死存亡的最后关头，已经无计可施，只得相信了这个来自农村的女孩，让她指挥军队上前线。

1429 年 4 月，贞德骑着一匹高头大马，打着绣有白色圣母像的白边军旗，进入奥尔良地区。她告诉奥尔良人自己是受命于上帝来解救他们的，没有人怀疑她的话，法国军队的士气重新振作起来。5 月 7 日，贞德率军攻打土列尔堡垒，它是控制奥尔良对外联络的要地，具有重要的战略意义。战斗打响后，贞德高举军旗，冲锋在前。突然，一支箭射中了她的肩膀，士兵们急忙把她抬离前线。法军将领请求退出战斗，贞德把箭拔出来，忍着剧痛，再次冲了上去。见统帅如此英勇，法军士兵大受鼓舞，人人奋勇争先，很快就占领了土列尔堡垒。

奥尔良解围战的胜利，是百年战争的转折点，法军乘胜反击，连连获胜，就连英国人也开始疑心上帝是不是真的站在贞德这一边。

1430 年 5 月，在一次小规模的冲突中，贞德被勃艮第人俘获。勃艮第公爵菲利普以 4 万法郎的价格，把她出卖给英国人。英国教会法庭对她进行审判，诬称她是“女巫”，判处火刑。第二年 5 月，贞德被烧死在十字架上。

贞德虽然牺牲了，却唤醒了法兰西人的民族意识，他们称她为“圣女贞德”或“奥尔良姑娘”。1453 年 10 月，除了加来港外，法国领土上的英国侵略军全部被消灭，百年战争以法国的胜利而宣告结束。

莫斯科公国

19."顿河英雄"底米特里

13 世纪初，在蒙古高原上诞生了一个强悍的草原帝国,由成吉思汗统率的蒙古铁骑征讨西夏、中亚、北欧,所向披靡,势不可挡。成吉思汗死后,把他的庞大帝国分配给四个儿子。1243 年,成吉思汗的孙子拔都在伏尔加河下游建立起了金帐汗国(意为“黄金部落”),这一带的各个公国都沦为金帐汗国的藩属。

到了 14 世纪,莫斯科公国开始崛起。莫斯科公国大公伊凡·卡利达足智多谋,他表面上装得非常温顺,千方百计地取悦金帐汗国,不时地把金银财宝献给大汗,由此取得了“全俄罗斯大公”的称号。背地里他不断扩充自己的领土和势力,到他死时,莫斯科公国的疆域已扩大了好几倍。1359 年,伊凡的孙子底米特里·伊凡诺维奇担任莫斯科大公,莫斯科公国的实力更加强大。他大力加强莫斯科的城防,用石头城墙代替了原来不坚固的木质城墙。他还严格训练军队,寻找机会准备摆脱蒙古人的控制。这个机会很快就被他等到了,金帐汗国的大汗死了,马麦汗篡位,底米特里立即率军赶跑了驻在境内的蒙古兵,宣称莫斯科公国从此独立。

莫斯科公国的公然反叛引起了马麦汗的震怒,他立即派遣军队去讨伐。底米特里在沃查河左岸布下一个口袋阵,蒙古军陷入重围,大败而回。马麦汗闻讯后恼怒地说:“处死那些任性的奴隶!把他们的城市,所有的基督教堂化为灰烬!我们要靠俄罗斯的金子才能活下去!”

1380 年 9 月,马麦汗亲自率领 15 万大军浩浩荡荡地杀向莫斯科。底米特里迅速派出特使,日夜兼程赶到俄罗斯各公国请求援助。很快,他就有了一支 10 万人的队伍,他带领这支大军渡过顿河,开进到库里科沃。一场大战即将展开。

库里科沃是一块不太大的原野,四周山岗起伏,沟壑纵横,沿顿河一侧丛林密布,原野的中央是一片沼泽地。这种地形极不利于蒙古骑兵实施合围战术,却有利于打埋伏战。

9 月 8 日早晨,库里科沃原野上空大雾弥漫,直到中午,浓雾才渐渐消散。蒙古军首先向前推进,在离俄罗斯联军一箭之远的地方停了下来。按照常规,双方各自派出一位勇士,来到两军阵前的空地上交战。几个回合下来,两位勇士都受伤落马。这时,嘹亮的军号声响起来了,两军会战正式开始。

蒙古兵以排山倒海之势发起猛攻，直捣联军中军大营。蒙古兵的这种战术百试不爽，这一次却不灵了。底米特里布下了一个兵法书里找不到的战阵，他把兵力集中在前、后、左、右、中五个点上，既便于各个出击，又利于统一指挥，蒙古兵的轮番冲锋始终突破不了联军的阵地。然而，蒙古兵一向勇猛，尽管被俄罗斯联军遏制住了攻势，仍然使联军伤亡惨重，就连底米特里本人也受了伤，大公的旗帜也被蒙古人砍倒了。

天色渐渐暗了下来，蒙古骑兵准备发起最后一次攻击，底米特里想把蒙古军吸引到联军主力的后方，那里的丛林中隐藏着一支精锐的骑兵。然而，蒙古军没有上当，而是在俄军左翼撕开了一个口子。就在这千钧一发之际，底米特里下令那支骑兵迅速出击。接到命令后，这支俄军骑兵如同猛虎下山一般向蒙古军扑去，蒙古军猝不及防，迅速溃败。俄罗斯联军乘胜追击，一口气追出上百里，这才收住脚步。

库里科沃一战，俄蒙双方都受到很大损失，死伤人数约 20 万，其中俄罗斯联军死亡将士多达 6 万人。但这场血战打破了蒙古人不可战胜的神话，从根本上动摇了金帐汗国的统治。俄罗斯人送给底米特里大公一个美名，称他为“顿河英雄”。又过了 100 多年，俄罗斯各公国完全摆脱了蒙古人的统治，迎来了统一的曙光。

20. 君士坦丁堡的陷落

穆罕默德二世画像

13 世纪末，土耳其人建立起了奥斯曼帝国。这个帝国一建立就开始对外进行侵略扩张。14 世纪中期，土耳其人在达达尼尔海峡对岸占领据点，作为向欧洲推进的基地。1396 年尼科堡一战，土军打败了欧洲封建主联军，巴尔干半岛大部分土地被土军占领，君士坦丁堡成了一座孤城。

1453 年 4 月 6 日，奥斯曼帝国的苏丹（即国王）穆罕默德二世亲率 20 万大军和 300 艘战舰，将君士坦丁堡团团围困起来。君士坦丁堡的地理位置非常优越，依山傍海，易守难攻。它的北面是金角湾，沿岸有高大的城墙和塔楼；南面是马尔马拉海，沿岸也有城墙和塔楼；西面是陆地，修有两道城墙，城外有又深又宽的护城河。问题是偌大一个君士坦丁堡只有不足一万的守军，能否抵挡住土耳其大军的进攻就成了未知。

奥斯曼帝国三桅战船模型

攻城之战打响后，土耳其军队在西城墙外护城河上抢架浮桥，并试图用云梯强攻，结果被击退，损伤惨重；土耳其战船试图冲进金角湾，不料金角湾布有铁索阵，战船无法靠岸。穆罕默德二世下令用重炮集中轰击君士坦丁堡城墙的薄弱处，大炮轰了两个星期，城墙终于被轰出了几处缺口，但冲进城内的土耳其士兵因为无法得到后续增援，很快就被就地围歼。土军又挖地道直通君士坦丁堡城里，但被城里的居民发现，用炸药炸毁了地道。

在一连串的失败面前，穆罕默德二世采纳了一条建议，借道热那亚商人控制的金角湾边的加拉太据点，攻击君士坦丁堡。土耳其人以保护热那亚商人在加拉太的商业特权为条件，买通了热那亚人。土军动用数千人，连夜用坚硬厚实的木板在博斯普鲁斯海峡和金角湾之间铺设出一条长约1500米的滑道，木板上涂抹大量的牛脂、羊油，将80艘轻便帆船拖上海岸，拉过山头，再滑进金角湾。就这样，土耳其人顺利地攻到君士坦丁堡城下。

1453年5月29日拂晓，土军从海上、陆上对君士坦丁堡发起总攻，西线和北面金角湾两处的数百门大炮同时轰鸣，整座城市在炮声中颤抖。君士坦丁堡城内的教堂纷纷鸣钟，这洪亮的钟声似乎是为千年帝国发出最后的哀鸣。东罗马帝国的末代皇帝君士坦丁十一世下令他的卫队以死相拼，他们全体战死，君士坦丁十一世本人在混战中被土耳其人击毙。攻城开始前，穆罕默德二世许诺进城以后，土耳其士兵可以大杀大抢三天，以示慰劳。土耳其士兵进城后，当然不会放过这个发财的好机会，除了抢掠财物，他们还把城中的许多居民掳为奴隶，壮丽豪华的宫殿被他们付之一炬，历代相传的艺术珍品化为灰烬。

伊斯坦布尔

君士坦丁堡的陷落，标志着延续1000多年的东罗马帝国的灭亡，就连这座城市的名字也被奥斯曼帝国的皇帝改为伊斯坦布尔。

21.“民族之鹰”斯坎德培

斯坎德培画像

奥斯曼帝国在消灭东罗马帝国的同时，不停地东征西讨，许多国家被它吞灭。巴尔干半岛上阿尔巴尼亚第勃拉地区的领主沃·卡斯特里奥蒂被迫臣服于土耳其人，为了证明自己对奥斯曼帝国的忠诚，他将自己四个儿子中的三个送到奥斯曼帝国的首都埃地尔内作为人质。卡斯特里奥蒂的三个儿子中有一个叫乔治，他精力充沛，机智过人，很快就引起了土耳其苏丹的注意和器重，把他送进宫廷学校。苏丹给他起了个斯坎德的名字，并让他加入伊斯兰教。长大后，他加入了土耳其军队，在战斗中表现出众，赢得了苏丹的信任，给他封了个贵族称号：培。斯坎德培这个名字就是这样来的。

斯坎德培虽然过上了贵族生活，内心深处却恨透了土耳其人，他时刻在等待时机，准备有朝一日突然反戈，光复祖国。1443年，斯坎德培跟随土耳其军队远征匈牙利，结果吃了败仗。这时候驻守在阿尔巴尼亚的土耳其军队人数不多，斯坎德培认为这是一个千载难逢的机会，就在土军撤退的一片混乱中，率领300名阿尔巴尼亚骑兵离开战场，潜回他的家乡克鲁雅城。

克鲁雅是一个战略要地，它地势险要，易守难攻。当时，城中的土耳其守军还不知道斯坎德培已经不是自己人了，大开城门把他放了进来。当天深夜，斯坎德培把隐藏在森林中的骑兵偷偷地放入城中，突然袭击土耳其守军。土军惊慌之下，束手被歼。就这样，斯坎德培轻而易举地攻克了克鲁雅要塞。

斯坎德培举事的消息很快就传开了，各地的阿尔巴尼亚人群一起响应，反对土耳其人征服的武装总起义开始了。土耳其人措手不及，连遭重创。1443年11月8日，斯坎德培在克鲁雅宣布恢复自由的阿尔巴尼亚公国。他在克鲁雅白色的城堡上升起了阿尔巴尼亚的国旗——红底上绣着一只黑色双头鹰。

斯坎德培纪念墓地

1457年，久经沙场的土耳其将领伊沙克·别伊·叶弗列诺扎指挥8万土耳其精兵进攻阿尔巴尼亚，而斯坎德培的队伍只有1.8万人，双方兵力相差悬殊。一些阿尔巴尼亚贵族和阿军将领望风而降，就连斯坎德培的侄儿也投入了敌营。在极为不利的环境下，斯坎德培把自己的部队分散隐蔽起来，同时派人四处散布谣言，说斯坎德培领导的部队已土崩瓦解，斯坎德培为了保住自己的脑袋，已经藏进深山老林，再也不敢出头露面了。

土耳其人相信了这些谣言，认为阿尔巴尼亚已经被征服，就在克鲁雅附近的阿尔蒲莱纳平原上召开祝捷大会。土耳其士兵开怀畅饮，许多人喝得烂醉如泥。

就在这天夜里，斯坎德培率领他的精锐部队从天而降，包围了土耳其军营。只有一部分土耳其人还能进行抵抗，大部分人稀里糊涂地就送了性命。经过一夜的大杀大砍，斯坎德培大获全胜，3万多土耳其人被消灭，还有数千名土军成了俘虏。

阿尔蒲莱纳一战打得土耳其人丢魂丧胆，再也不敢小视阿尔巴尼亚人了。之后，土耳其苏丹又增兵攻打阿尔巴尼亚，尽管敌众我寡，斯坎德培却以必胜的勇气和过人的智慧与之周旋，在20多年的时间里，连续击退了土耳其军队13次入侵。斯坎德培去世后，阿尔巴尼亚人骄傲地把他奋力据守的克鲁雅称为“鹰之巢”。

22.高桥之战

斯特凡大公画像

奥斯曼帝国势力强盛的时候，受它欺凌的小国家不光是一个阿尔巴尼亚，还有位于欧洲巴尔干半岛东北部多瑙河下游的摩尔多瓦公国。这个地区另外还有两个小公国，分别是蒙特尼亚和特兰西瓦尼亚，后来它们先后与摩尔多瓦合并，称为罗马尼亚。1474年年底，奥斯曼帝国的穆罕默德二世趁罗马尼亚人欢庆圣诞之机，派遣宦官苏里曼为总指挥，统率一支由12万人组成的大军，越过莱茵河，企图一举吞灭摩尔多瓦。

土耳其人入侵的消息传来后，摩尔多瓦举国上下一片慌乱。斯特凡大公立即召开御前会议，在会上他对大臣们慷慨陈词道：“上帝遣来异教徒，不是为了考验我们的勇气，而是为了考验我们的信仰。”当时，斯特凡大公的手中只掌握了一支4万人的军队，和土耳其人硬碰硬显然不行，于是他采取了坚壁清野战术，把所有的粮食都埋藏起来，将所有的水井都堵死。土耳其人找不到吃的，没有喝的，进军速度大大减慢，直到第二年春天，战争也没有什么进展。

1475年1月10日，土耳其军队渐渐进入了斯特凡大公早已选中的一块适合伏击的地带，这就是瓦斯卢伊附近的一座高桥下。这里地处拉科瓦河和伯尔拉德河的汇流处，是一块沼泽，两面背水，大兵团无法展开。当苏里曼的先头部队还没有进入斯特凡大公设置好的包围圈时，摩军的机动轻装部队就不断趁着浓雾进行骚扰，不停地吹号、射箭、擂鼓、呐喊。苏里曼以为终于找到了苦苦追击的摩军，于是下令大举进攻，一下子就钻进了摩军的包围圈中。

斯特凡大公见时机成熟了，一声令下，顿时伏兵四起，利箭和石雷如同雨点般倾泻而下，土军立刻陷入一片混乱之中。苏里曼急忙下令后撤，这时斯特凡大公派出的一支轻骑兵借着浓雾的掩护，直扑土军的中军。土耳其军队很快就被拦腰切成两截，首尾不能相顾，指挥失灵，土耳其人乱哄哄地向沼泽和树丛中逃命，结果自相践踏，损失惨重。

经过三天三夜的激战，土耳其的12万大军全军覆灭，十几名高级将领被俘。土耳其人不得不承认，这是奥斯曼帝国有史以来遭遇的最大惨败。被俘的土军将领表示愿意用钱来赎身，却遭到了斯特凡大公的拒绝："如果你们那么有钱，还到我这里来干什么？"

高桥之战的惨败使穆罕默德二世恼羞成怒，亲率20万大军直扑摩尔多瓦。斯特凡大公号召全国人民奋起抗战，自己则带领1万精兵，与10倍于己的敌人进行周旋，多次给敌人以重创。不到一年的时间，由于给养不足，疾病流行，土耳其军队只得狼狈地撤出摩尔多瓦。

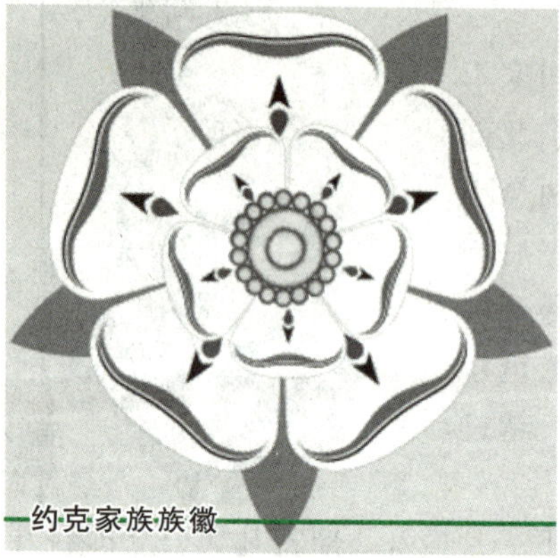

约克家族族徽

23.红白玫瑰战争

英法百年战争结束后，英国封建主向法国扩张的出路被堵死了，内部矛盾急剧上升，于是爆发了一场以争夺王位为目的的战争，史称"玫瑰战争"或"蔷薇战争"。战争的双方一方是兰开斯特家族，这个家族以红玫瑰为族徽；另一方是约克家族，这个家族以白玫瑰为族徽。兰开斯特家族的支持者主要在英格兰的北部和西部，约克家族的支持者主要在英格兰的南部和东部。

这两个家族之间的对立始于1399年，这一年英王理查二世被他的表兄兰开斯特公爵推翻，兰开斯特即位后称亨利四世。后来，王位传到亨利六世手上。他患有疯癫症，约克家族认为他们应该继承王权，就推举约克公爵担任摄政王。可是没过多久，约克公爵就被王后玛格丽特赶出了朝廷。从此，兰开斯特家族和约克家族就结下了仇恨，很快就在战场上兵戎相见。在这场内战中，约克家族接连获胜，1471年，白玫瑰军组织起20万人马，一举打败了红玫瑰军，亨利六世成了阶下囚，被囚禁在伦敦塔中，玛格丽特逃往苏格兰。白玫瑰军在得胜之际，忽略了只有十几岁的亨利·都铎，他属于兰开斯特家族的别支，趁兵荒马乱经由泰晤士河驾小舟东出，而后又乘渔船逃到了法国的布列塔尼。

爱德华五世画像

约克家族获胜后，夺得了英王的宝座，爱德华四世即位为王。1483年，爱德华四世突然亡故，爱德华五世即位，那一年他只有12岁，便由他的叔叔理查担任摄政王。理查是约克家族中最杰出的将领，曾在“玫瑰战争”中立过战功，他见侄儿年幼，便把侄儿拘禁到伦敦塔里，自己登上国王的宝座，就是理查三世。

理查三世靠不正当的手段夺得王位，遭到了很多人的反对，身在法国的亨利·都铎了解到国内的情况后，就招募了几千名支持者，准备回到英国夺取王位。亨利·都铎虽然年轻，却颇有心机，他先派人秘密回到英国，知会原先拥护兰开斯特家族的大贵族们，让他们随时听候调遣，允诺他们恢复原先的地位；又派人找到对理查三世心存不满的约克家族的新贵族们，声称只要帮忙把理查三世赶下台，他们的利益会得到保护；亨利·都铎还派人到伦敦等城市的市民中宣传说，人民的苦难都是这个理查三世一手造成的。此外，亨利·都铎又以重金高爵买通了理查三世手下两名统兵的贵族。

1485年8月初，亨利·都铎率领他的支持者在英国的威尔士登陆。理查三世闻讯后，也带领一支军队由东向西推进。8月22日，两军在博斯沃思原野相遇。理查三世头戴王冠，身披金甲，手持长矛，骑着白马来到阵前，喊亨利·都铎出来答话。亨利·都铎手提重剑，骑着一匹红马来到阵前。理查三世说：“而今英伦三岛早已是我们约克家族的天下，你不识时务，居然想死灰复燃。我劝你放下武器，还可以封你一个贵族！”

亨利·都铎声音洪亮地回答道：“你篡夺王权后，倒行逆施，民怨沸腾。你连自己的侄儿都要抓起来，还能容得下谁？你如果自愿下台，让出王位，我可以给你一条活路，否则，你就死到临头了！”

理查三世画像

理查三世大怒，一挥长矛，指挥大军掩杀过来。亨利·都铎挥动手中的重剑，他的队伍在绣着红玫瑰大旗的指引下，也发起了冲锋。双方强弓硬弩齐放，箭如骤雨。理查三世仗着人多势众，便指挥左右两翼合围亨利·都铎的部队。理查三世的部队刚一开始行动，亨利·都铎买通的那两名贵族就派人在阵中高喊：“杀死理查三世！理查三世败了！”顿时，理查三世的军心大乱。亨利·都铎趁机指挥骑兵、步兵一起猛攻，打得理查三世的士兵四散溃逃。

混战中，理查三世被杀死了，他的王冠落在草地上，约克家族的两名贵族把这顶王冠拾起来，擦拭干

亨利七世画像

净，恭敬地戴在亨利·都铎的头上。至此，历时30年的红白玫瑰战争结束了。就在这一年，亨利·都铎正式举行加冕典礼，称为亨利七世，开始了都铎王朝对英国的统治。

24.圈地运动

亨利七世在位期间，生活俭朴，吃苦耐劳，奖励工商业发展，有贤王之称。但是，从15世纪70年代开始的圈地运动，给亨利七世的统治蒙上了一层厚重的阴影。

15世纪下半叶，随着世界市场和国际贸易的迅速扩大，毛纺织品成为国际市场上的抢手货，从而带动了毛纺业的繁荣。英国境内多山地，气候湿润，非常适合养羊业的发展。一些贵族地主看到饲养绵羊要比收地租来钱更多更快，纷纷把自己的土地和公共的土地用篱笆圈起来放牧羊群，还用暴力驱赶农民离开自己的田园。农民们丧失了赖以养家糊口的土地，只得扶老携幼，向着陌生的地方流浪。当时一位著名的政治家、作家托马斯·莫尔在一本叫作《乌托邦》的书中这样写道："绵羊本来是很驯服的，所欲无多，现在它们却变得很贪婪和凶狠，甚至要把人吃掉，它们要踏平我们的田野、住宅和城市。"英国的圈地运动被称为"羊吃人"，就源自这里。

随着圈地运动的规模越来越大，到了16世纪，圈地面积已经占到了英国国土面积的一半以上。为了能圈到更多的地，贵族地主的手段越来越残忍，他们强行拆除农民的住房，甚至放火烧毁村庄。

1509年，亨利七世病故，他的次子登上王位，就是亨利八世。在他统治期间，大批被驱赶出家园的农民不愿受资本家的压榨，变成了乞丐和流浪汉，亨利八世便颁布法令，一旦抓住身强力壮的流浪汉，就要绑在马车后面，一直鞭打到遍体鳞伤为止，然后要他们发誓回到原籍或回到最近三年居住过的地方。如果第二次因为流浪而被捕，就要割掉他的半只耳朵。第三次被捕，就要当作重犯和社会的敌人处以死刑。1547年，英国国会又颁布了一个法令，规定凡是流浪一个月还没有找到工作的人，一经告发，就要被卖为奴隶，他的主人可以任意驱使他从事任何劳动。这种奴隶如果逃亡，抓回来就要被判为终身奴隶，在额头和背上打上奴隶的记号"S"。亨利八世在位期间，被绞死

托马斯·莫尔画像

的流浪汉多达7.2万人。

圈地运动的结果使英国的农民越来越少,他们被迫成为城市无产者。为了活命,他们不得不进入生产羊毛制品的手工工场和其他产品的手工工场,成为资本家的廉价劳动力。为了反抗圈地运动和人身迫害,英国农民多次举行起义,都被英国政府镇压下去了。但由于过多的圈地影响到了英国封建王室的税收和兵源,后来斯图亚特王朝的统治者便明令禁止圈地,反复重申圈地是非法的。到了18世纪,圈地运动才接近尾声。

25.马丁·路德的宗教改革

16世纪时,处在封建制度下的西欧,社会危机和教会危机都在激化。下层人民的苦难越来越深重,上层人物和市民阶层也对现状越来越不满,罗马教廷的威信明显下降,教会内部的改革派多次发难。就在这时候,教皇利奥十世以修缮罗马圣彼得大教堂为名,派教廷大员来到德意志兜售赎罪券。按照教会的宣传,人类降生到这个世界上,就是天主让他们来赎罪。真正信仰上帝的人,那就赶快接受上帝下发的赎罪券,把手中的钱交给上帝,用于建造神圣的教堂,这样才能真正赎去前世的罪恶,死后才能进入天堂。

在教士们的鼓动下,人们开始排起长队,用身上的钱去买教士手中的赎罪券。当然,也有许多人不相信教士们的蛊惑,其中一位竟是维登堡大学的神学教授马丁·路德。1517年10月31日(一说为11月1日),马丁·路德把他写的一份辩论书贴在维登堡大学教堂的大门上,题为《关于赎罪券效能的辩论》。这篇辩论书共有95条,所以后世又把它称为《九十五条论纲》。按照维登堡大学的习惯,对许多神学问题有疑问都可以拿出来辩论,马丁·路德就是以神学论辩的笔调写成了这篇文章,语气很和缓,仅仅指责了某些教会的弊端,并没有攻击教会本身。但是他的某些观点引起了广泛的共鸣,辩论书张贴出去后,到大教堂来看论纲的人络绎不绝,很多人对教会巧立名目搜刮钱财的做法早已不满,因而不约而同地为马丁·路德的观点叫起好来。此后,赎罪券在德意志各地销路大减,有些地方已无人购买。

马丁·路德画像

《九十五条论纲》的迅速传播,引起了教会的极度恐慌。教宗良第十不愿扩大事端,就让一位最有权威的神学家迦耶坦枢机去和马丁·路德谈话。迦耶坦枢机要求马丁·路德放弃他的不当言词,马丁·路德决不接受,还要求召开大公会议以裁判他的言论。

1520年6月，罗马教皇颁布敕令，以破门律为由对马丁·路德提出警告。这一年的12月，马丁·路德在维登堡的广场上，发表了慷慨激昂的演说。他充分发挥自己的演讲天分，用动人的声调，活泼的想象力，扣人心弦的言辞，公开否定了教皇的神圣权力，提出维护《圣经》的权威和个人研读《圣经》的权利。演讲完后，他当众把教皇的敕令烧毁，人们为他热烈地鼓掌。

1521年1月，罗马教皇公开宣布开除马丁·路德的教籍。同年4月，又宣布他为不法分子，取缔他的著作，并声称要在法庭上对他进行审判。为了保护他的人身安全，一位议员把他藏在瓦尔德堡中。在此期间，他把《圣经》翻译成德文，使得任何识字的人都有可能亲自学习《圣经》，而用不着依赖教会及其教士们。

1525年，马丁·路德与曾经当过修女的卡塔琳娜·波拉结婚，为改革神父独身制开创了先例。有人攻击他是为了娶老婆而改教，他回答说："人人都说我们有私情，因此我干脆娶了她，以塞住他们的口。"

1530年，马丁·路德拟定的《奥古斯堡信纲》在奥古斯堡会议上得到确认，从而产生了路德宗（又译为信义宗）。路德宗的礼仪只有洗礼和圣餐这两件圣事，摈弃了许多繁文缛节，因此很受欢迎。普鲁士、瑞典、丹麦、挪威、冰岛等国家先后把它定为国教。

26.驶往新大陆

马丁·路德的《九十五条论纲》吹响了宗教改革的号角，先后引发了瑞士的慈温利宗教改革和法国的加尔文宗教改革。在当时的英国，由于英国国教的专横，宗教改革姗姗来迟，但英国的一些教徒还是受到了来自加尔文教义的影响，认为把世间的事情做好，就是修行和敬拜。人们把这部分教徒称为清教徒。清教徒并不是一种派别，而是一种态度，一种价值观，18世纪中叶英国著名的布道家约翰·卫斯理有一句名言成了清教徒精神追求的精辟概括："拼命地挣钱，拼命地省钱，拼命地捐钱。"

1517年之前，英国只有罗马天主教，称为国教，不信奉国教者就会被扣上一顶持异端邪说的帽子。公元16世纪末到17世纪，英国清教徒发起了一场来势猛烈的宗教改革运动，宣布脱离国教，另立教会，主张清除天主教在英国教会内部的残余影响。从此，清教徒遭到了英国政府和教会势力的残酷迫害，尤其是英国议会通过了《信奉国教法》后，逮捕、酷刑、宗教审判，每时每刻都在威胁着清教徒。被逼无奈，一部分清教徒只得迁往荷兰避难。但是在荷兰,清教徒不仅没能逃脱宗教迫害,而且饱受战争带来的痛苦和折磨。为了彻底逃脱宗教迫害的魔爪,他们把目光投向了美洲。100多年前,航海家哥伦布发现了这块新大陆,那里没有国王,没有议会,没有宗教迫害,他们可以自由自在地信奉、传播自己所喜欢的宗教,开拓出一块属于清教徒的人间乐园。

1620年9月23日,一条名叫“五月花”的三桅货船载着102名清教徒及其家属离开英国,驶向北美大陆。“五月花号”载重约180吨,长27米,当它离开港口时,许多老水手都怀疑船上的人能否顺利地到达彼岸。然而,这些急于离开英国的人已经顾不得那么多了,他们只想早日实现自己的梦想。

“五月花号”在大洋上航行了65天,这期间遇到过风暴,主桅出现过裂缝,还有饥饿、干渴和疾病,但是这一切都没能阻挡住这条小船的前进。在这个过程中,有一人死亡,同时有一个新的生命在船上来到了尘世。

就在新大陆的海岸线遥遥在望时,“五月花号”停了下来。船上的成年男子开始讨论这样一个问题:我们将如何管理未来的新世界。讨论进行得十分激烈,最后他们决定共同签署一份公约,名为《五月花号公约》。这份条约的内容如下:“作为伟大的詹姆斯一世的忠顺臣民,为了给上帝增光,发扬基督教的信仰和我们祖国和君主的荣誉,特着手在弗吉尼亚北部这片新开拓的海岸建立第一个殖民地。我们在上帝的面前,彼此以庄严的面貌出现,现约定将我们全体组成公民政体,以使我们能更好地生存下来,并在我们之间创造良好的秩序。为了殖民地的公众利益,我们将根据这项契约颁布我们应当忠实遵守的公正平等的法律、法令和命令,并视需要而任命我们应当服从的行政官员。”

“五月花号”在如今马萨诸塞州的普利茅斯靠岸,历经千辛万苦的清教徒们终于踏上了向往中的土地,从此定居下来。但是他们在这里的第一个冬天却是不堪回首的,由于食物不足,天气寒冷,再加上传染病肆虐,这批清教徒一下子死去了一半以上。第二年春天,当地的印第安部落酋长带领心地善良的印第安人,教会他们打猎捕鱼,帮助他们种植庄稼。这年秋天,清教徒们获得了大丰收。殖民地首任总督威廉·布莱德福建议设立一个节日,庆祝丰收,感谢上帝的恩赐。这就是美国感恩节的由来。

1621年11月下旬的星期四,清教徒们和90名印第安人欢聚一堂,男性清教徒外出打猎,捕捉火鸡,女人们在家里用玉米、南瓜、红薯和果子等做成美味佳肴。白人和印第安人围着篝火,边吃边聊,载歌载舞,整个庆祝活动持续了三天。从此以后,移居美国的欧洲人基本上沿袭了北美大陆上第一次感恩节庆祝活动的形式。

亨利八世画像

27.亨利八世的婚姻

亨利八世在位的38年间,英国发生的最重要的事情就是亨利八世与罗马教廷决裂，从而导致英国形成完全的民族国家。这个决裂有着深刻的时代背景,但从表面上看,它是由亨利八世个人的离婚案引起的。

亨利七世在位时,为了睦邻友好,就把自己的两个女儿分别嫁给苏格兰和法国的王储，还让自己的长子亚瑟娶西班牙公主凯瑟琳为妻。亚瑟婚后不久就因病去世了,当时西班牙和法国闹不和,亨利七世为了维持中立,不想得罪西班牙王室,就想把凯瑟琳挽留下来,许配给他的次子亨利八世。但这件事情需要向教皇请示,因为根据天主教教规,夫妻结合是上帝的旨意,不允许离婚再嫁或再娶,丧偶可以再嫁,但需要得到教皇的批准。既然是皇帝出面,教皇没有不准之理,于是凯瑟琳继续留在英国王宫里。

亨利八世18岁即位后,便娶了寡嫂凯瑟琳,但她只为他生了一个女儿玛丽(后来的玛丽一世),以后生的孩子都早夭了。皇后不能生个儿子做王位继承人,而此前英国尚未有过女王,再说按照迷信的说法,弟娶兄嫂不吉利。这两个原因凑到一起,亨利八世就和皇后日渐疏远,爱上了女侍官安妮·博林,产生了离婚的念头。他这次婚姻是教皇亲自批准的,离婚自然也得教皇批准。这就为教皇出了一个难题,因为罗马教廷也不想得罪国势强大的西班牙,因此就迟迟没有对亨利八世的申请做出答复。亨利八世着急了,安妮·博林已经怀有身孕,再也拖不下去了,于是他就下令停止向教廷缴纳教税，接着又宣布没收教会的财产,迫使教皇开除他的教籍。受宗教改革思潮的影响,他干脆宣布英国教会脱离罗马教廷,称为圣公会,自任圣公会的最高首领。亨利八世所进行的宗教改革其实是换汤不换药,圣公会和天主教没有任何理论原则上的分歧,只是不承认教皇的权威而已。

凯瑟琳

安妮·博林

亨利八世要成为圣公会的首领,需要走一个程序,那就是让全英国最杰出的人物都宣誓予以承认。担任英国大法官的托马斯·莫尔是英王之下的第一位要人，他却拒绝宣誓，结果被关进了伦敦塔。1535年7月1日，莫尔被特种法庭宣判有罪，将肢解处死，亨利八世命令用砍头代替。临刑前，莫尔对刽子手说："我的脖子短，好好看准，不要出丑。"莫尔死后，他的头颅被挂在伦敦桥上示众。

亨利八世与安妮·博林结婚后，她只为他生了一个女儿伊丽莎白，还是没有生儿子，他一怒之下将安妮·博林以通奸罪砍头处死。他又娶了第三位妻子，到底为他生下一位王子，就是日后的爱德华六世。亨利八世临死时留下遗嘱，由爱德华和他的后代继承王位；如果爱德华没有后代，爱德华死后由玛丽和她的后代继位；如果玛丽没有后代，玛丽死后由伊丽莎白和她的后代继位。他没有想到，这三位继承人都没有后代，伊丽莎白一世去世后，都铎王朝就终结了，王位传给了伊丽莎白表姐的儿子。

西班牙战舰模型

28."无敌舰队"的覆灭

伊丽莎白一世在位期间，英国国力蒸蒸日上，但是海军力量还很薄弱，这就影响到了海外掠夺和贸易。当时的海上霸权掌握在西班牙人手里，他们拥有强大的舰队，凭借它掌握了欧洲同东方和美洲贸易的垄断权。英国人在海上打不过西班牙人，就纵容海盗拦截西班牙运送货物的船只，骚扰西班牙的美洲殖民地。这些做法引起了西班牙国王腓力二世的强烈不满，起先他不想诉诸武力，而是想通过宗教力量来解决问题。腓力二世是一个天主教徒，极力反对在欧洲宗教改革中产生的新教。于是，腓力二世就勾结英国的天主教势力，企图把信奉天主教的苏格兰女王玛丽扶上英国王位。玛丽早在1568年就因苏格兰政变而逃到英国，遭到英国女王伊丽莎白一世的长期囚禁。因为伊丽莎白支持新教，所以英国天主教势力不承认她是合法女王。1587年腓力二世在英国组织颠覆活动，怂恿英国的天主教徒谋刺伊丽莎白而另立玛丽。东窗事发后，伊丽莎白处死了玛丽。至此，英国和西班牙之间的决战已经不可避免了。

1588年5月，为了让英国人领教一下海上霸主的厉害，腓力二世命令梅迪纳·西多尼亚公爵率领一支最幸运的"无敌舰队"从里斯本出发，远征英国。这支庞大的舰队共拥有舰船134艘，船员和水手8000多人，摇桨奴隶2000多人，船上满载着2.1万名步兵。

对于西班牙人的军事动向，英国人早就一清二楚。伊丽莎白女王早早地就把皇家

西班牙舰炮

海军、各大船主、商人以至海盗们的舰船统统集中起来，大大小小共有140艘，水兵14500人，步兵1500人，他任命霍华德勋爵为舰队司令，以海盗出身并有丰富的航海经验和作战指挥能力的德雷克与霍金斯分任副司令。

西班牙的"无敌舰队"出师不利，出发不久就遭到风暴袭击，被迫在拉科鲁尼亚港避风和补给。由于舰队在航行时队形太长，加上组织指挥不善，竟有近一半的舰船被惊涛骇浪冲散或触礁沉没，以至6天后，还有33艘战船杳无音讯。

7月28日夜里，西班牙的"无敌舰队"停泊在法国北部多佛尔海峡的港口加莱，这里距离英国的多佛尔港只有30多千米。当时，天上昏暗无光，海面上云雾重重，刮起了强劲的东风。西班牙舰上的船员都进入了梦乡，英国人借着夜色和云雾的掩护，把6艘旧船装满易燃物品，船身上涂满柏油，偷偷地驶进加来港。当接近西班牙舰队时，立即将旧船点燃，它们好似六条火龙顺风而下，向西班牙舰队急驰而去。顿时，加来港变成一片火海，西班牙舰队乱成一团，解缆起航时有的相撞沉没，有的被烧毁，剩下的战舰乱哄哄地向西北方向溃逃。

7月29日黎明，英国舰队追到加莱和敦刻尔克之间的格雪弗兰特海域，迫使西班牙舰队接受决战。决战中，舰体笨重的西班牙战舰机动性差，难以靠近英舰，而且舰炮射程近，不能毁伤英舰。英国战舰的性能不如西班牙战舰，但船体小，速度快，机动性强，而且火炮数量多，射程远，命中率高，使得"无敌舰队"损失惨重，只得撤出战斗，掉头返航。幸好英国舰队的炮弹快打光了，再加上风向突变，"无敌舰队"才得以逃走。当剩下的西班牙舰只准备绕过苏格兰、爱尔兰回国时，又在海上接连遇到两次大风暴，有的船只被大海吞没，有的因触礁搁浅，有的甚至被大风刮到了挪威海岸，不少士兵、船员被风浪冲到爱尔兰西海岸，被英军杀死。1588年10月，"无敌舰队"返回西班牙，只剩下43艘残破舰船，近乎全军覆没。英国舰队没有太大损失，阵亡的海员水手只有百人左右。

英西海战后，西班牙一蹶不振，从此衰落下去，英国一跃成为海上强国，取代了西班牙海上霸主的地位，掠夺和扩张的范围伸展到全世界。到了20世纪初，英国成了"日不落帝国"，意即太阳每时每刻都能照在大英帝国的殖民地上。

巴黎凯旋门

公元 1640 年是英国资产阶级革命的开端，这一年也通常被认为是世界近代史的开端。世界近代史结束于 1917 年俄国十月社会主义革命前，这一年也被认为是世界当代史的起点。世界近代史一般分为三个阶段。第一阶段从英国资产阶级革命到 19 世纪早期的拉丁美洲独立革命，被称为早期资产阶级革命时代，是资本主义制度在欧美一些先进国家确立的时期。第二阶段从 19 世纪早期到 70 年代初，它是资本主义发展史上的重要阶段，资本主义制度在世界范围内最终确立，资本主义世界体系初步形成。第三阶段从 19 世纪 70 年代到 1917 年，在这个阶段里，由于资本主义各国在向帝国主义过渡中，政治经济发展不平衡性加剧，为了争夺殖民地和世界霸权，各个大国之间矛盾激化，最终爆发了帝国主义国家之间的第一次世界大战。

史海漫游第三站

摇头晃脑读近代

查理一世画像

1.被人民处死的国王

1625年,英王查理一世继位。当时英国的资本主义工商业已经有了很大发展,新兴的资产阶级势力逐渐壮大,他们要求人人平等,要求限制国王的权力,而查理一世根本不把他们放在眼里,说什么"决定大事的只能是神所授权的国王",竟在1629年把议会解散了。从此,英国出现了长达11年之久的无议会统治时期,一切都由国王说了算。

查理一世在位期间,过着豪华奢侈的生活,苛捐杂税无穷无尽,人们怨声载道。1639年,苏格兰爆发了人民武装起义,查理一世为了筹集军费,不得不发布诏令,重新召开议会。让查理一世大为恼火的是,议会刚一召开就要求国王取消近年来的暴政,否则议会就拒绝讨论征税问题。查理一世火了,又一次下令解散了议会。这届议会只存在了3个星期,所以被称为"短期议会"。

1641年11月,急需用钱的查理一世又召开议会,还是讨论征税问题。这届议会还是不买国王的账,议员们一致否决了国王征收军费的诏令,还把帮助国王镇压人民的宠臣斯特拉福德伯爵和劳德大主教抓了起来。查理一世没有料到会出现这样的结局,连忙派人出城调遣军队,打算用武力解散议会,救出斯特拉福德伯爵。消息传出后,伦敦人民被激怒了,20万群众把王宫围个水泄不通,他们挥动刀、剑、棍棒,高呼着"处死斯特拉福德""冲进王宫去"的口号,查理一世吓得心惊胆战,不得不在判处斯特拉福德的死刑书上签了字。

1642年1月,查理一世亲自出马,带着他的卫队气势汹汹地闯入议会,要以叛国罪的罪名逮捕5名激进派议员。议长说他只听从议会的指令,断然拒绝交出这5名议员。查理一世碰了一鼻子灰,只好悻悻地离开议会。查理一世不甘心,还想动用武力把那几个议员抓起来,但是伦敦人民已经把他们掩护起来。查理一世发现他在首都已经失去了人心,就带着亲信离开伦敦,来到约克城招兵买马,准备打内战。议会方面也针锋相对地成立了革命军,予以反击。

内战开始后,来自剑桥郡的议员克伦威尔自掏腰包,组成一支60人的骑兵队,他自任队长。在随后的一系列战斗中,克伦威尔和他的队伍屡立战功,"铁骑军"的称号不胫而走。不久,克伦威尔又成立了"新模范军",他成为统帅。1646年在纳西比之战中，克伦威尔指挥他的新模范军，将王军主力一举歼灭，查理一世落入英国议会之手。革命刚一成功，议会内部就因为宗教和利益之争产生了矛盾，查理一世趁机逃脱，再次纠集党羽发动了第二次内战。兵多将广而又粮饷充足的克伦威尔早有准备，还没等王军方面采取行动，就主动出击，在普雷斯顿战役中将最后一支支持英王的苏格兰军队消灭，再一次俘虏了查理一世。

这一次查理一世逃不掉了。1649 年 1 月 30 日，天刚蒙蒙亮，上千名伦敦市民就冒着严寒，从四面八方涌向白厅广场，来观看处决国王。广场中间摆放着一个高高的断头台。下午 1 时，当教堂的钟声敲响时，王宫的侧门徐徐打开，两名威武的士兵押着一个步履蹒跚的囚犯走了出来。他就是曾经不可一世的英格兰国王查理一世。大法官以洪亮的声音庄严宣布："查理是暴君、叛徒、杀人犯、人民公敌，判处死刑，执行处决！"人群中顿时发出愤怒的呼喊："杀死他！杀死他！"查理一世对刽子手说了他在这个世界上的最后一句话："请你动作务必干净利落。"然后伸出双手，向刽子手发出信号。刽子手挥起斧头，干脆利落地砍下了国王的头，一颗戴过多年王冠的头颅滚下了断头台，他也成为欧洲第一个被人民处死的国王。人们振臂欢呼，互相拥抱，庆祝英国资产阶级革命的胜利。

伦敦白厅广场

2."光荣革命"

1649 年 5 月，英国的行政大权临时由克伦威尔任主席的国务会议掌握。但是，效忠国王的势力并没有消失，仅仅过了一个星期，苏格兰议会就宣布拥立查理一世的儿子查理二世为国王，并且准备出兵讨伐英格兰。克伦威尔来了个先下手为强，迅速移师苏格兰，消灭了苏格兰军队，攻占了苏格兰首都爱丁堡，查理二世逃往法国。从此，克伦威尔获得了"常胜将军"的称号。

在多年的战争中，克伦威尔对坐在那里指手画脚的议会越来越反感，当他有了稳固的根基后，便不断对议会加以清洗，使得议员的数目一减再减。1653 年 4 月，他一不做二不休，亲自率兵闯进议会，把议员们都赶走了，议会宣告解散。这一年的 12 月 16 日，踌躇满志的克伦威尔端坐在伦敦市政厅正中间的椅子上，伦敦市长宣布由他就任英格兰、苏格兰、爱尔兰的护国公，随后礼宾官送上国玺，伦敦市长献上国剑。在士兵们的欢呼声中，克伦威尔成了英国的最高统治者。

克伦威尔塑像

令英国人失望的是，克伦威尔的统治并不比查理一世强，依然横征暴敛。1658年，他刚一咽气，英吉利共和国就出现了乱象，资产阶级和贵族王朝和解，请回了流亡在外的查理二世，即查理·斯图亚特，史称“斯图亚特王朝复辟”。

查理二世动身回国之前，在荷兰的布列达发表宣言，信誓旦旦地保证，他即位后要大赦革命党人，实行宗教自由，保持在革命期间所获得的财产的所有权。谁知他登基后不久，就把布列达宣言扔到了脑后，大肆反攻倒算，许多参加过审判查理一世的人被处死，克伦威尔的尸体被从坟墓中挖出来施以绞刑，革命时期被没收尚未拍卖的土地又重新发还给原主，已经拍卖的土地由国家给予经济补偿，这笔钱又以税收的方式落到人民群众的头上，老百姓连做饭都要交“炉税”和“灶税”。

1685年，查理二世因中风去世，他没有儿子，由他的弟弟约克公爵詹姆斯继位，就是詹姆斯二世。这位新皇帝一心想恢复天主教在英国的统治地位，还想让天主教僧侣出任国家官员。资产阶级和新贵族们对他大失所望，于是在1688年6月30日，英国议会两党领袖和一名主教联名写了一封信，请求詹姆斯二世的女婿，当时任荷兰国王的奥兰治·威廉到英国来执政。这一年的11月5日，威廉率领的1.4万大军在德文郡的托尔湾登陆，然后浩浩荡荡地向伦敦进发。出人意料的是，詹姆斯二世既不向臣民做出任何表示，也不命令军队进行抵抗，而是下令军队向伦敦撤退，以致军心涣散。而威廉的军队在英国登陆后，立刻受到了贵族和乡绅们的欢迎，就连詹姆斯二世的王军总司令约翰·丘吉尔和多数大臣也站到荷兰人一边。詹姆斯二世陷入众叛亲离的境地，只得逃到法国去避难。

奥兰治·威廉画像

1689年年初，在伦敦召开了上下两院联席的特别会议。经过一番讨论之后，英国议会决定邀请威廉和王后玛丽（詹姆斯二世的女儿）共同统治英国，接着又通过了一项《权力法案》，明确规定国王无权废除或终止任何法律，不经议会同意不能征税，不能在和平时期维持常备军，议员的选举不受国王干涉。《权力法案》限制了国王的权力，资产阶级通过议会完全控制了国家，人们把这种政体就称为“君主立宪制”，它为一些国家从封建专制过渡到资产阶级专政找到了一条出路。因为这场革命没有流血，所以西方史学家将它称为“光荣革命”。

彼得一世画像

3. 亚速海战

17世纪末期，俄国还是一个十分落后的农奴制国家，几乎所有方面都比西欧落后了几百年。同西欧相比，俄国几乎还处在中世纪时期。1689年，老沙皇阿列克谢·米哈伊洛维奇的儿子彼得·阿列克谢耶维奇·罗曼诺夫在少年兵团和嫡系部队的支持下，推翻了担任摄政王的同父异母的姐姐索菲娅，成为新一代沙皇，史称彼得一世。

就在彼得一世登基后的那年夏天，他带着百余名随从来到阿尔汉格尔斯克港。俄国土地辽阔，却是内陆国家，没有自己的海军，没有出海口，当时只有一个阿尔汉格尔斯克港可以让人闻到大海的气息。当他看到汹涌澎湃的海浪时，不禁心旷神怡，忘情地大声喊道："快给我拿水手服，我要上船出海！"随从急忙为他换好衣服，他兴奋地登上"圣彼得号"游艇，向深海驶去。渐渐地，他的激动心情平静下来，想到俄国连一艘铁甲战船都没有，这艘游艇也不是俄国人的，就连他穿的水手服也是荷兰的。他幻想着能有这么一天，飘扬着俄国国旗的战舰在一望无际的海洋上游弋。

从阿尔汉格尔斯克港回来后，彼得一世做出了一个大胆的决定，在普列谢耶沃湖畔建造了一所造船厂，他本人则开始学习航海知识。不久，这家造船厂的工人就模仿外国船只，成功地造出了一艘小型战船。彼得一世十分高兴，又从荷兰订购了2艘三桅战船，上边装有40门大炮。到了1696年，俄国人已经造出了1300多艘平底战船。彼得一世亲自乘船出海，为俄国终于有了属于自己国家的战船而兴奋不已。

1696年5月初，彼得一世集结了26个舰队向南进发，攻打土耳其人占领的亚速港。如果能攻克这个港口，俄国人就可以进一步打通黑海的入海口。彼得一世知道这要冒很大的风险，但他更知道俄国需要的是水域，没有出海口就不能生存，所以付出一定的代价是值得的。5月底，俄国军队就占领了亚速城墙下的堑壕，开始攻城。但是亚速要塞非常坚固，一时很难攻下来，这时候双方胜败的焦点就集中在海军身上。为了打这场海战，俄国和土耳其都投入了大批战舰，由于这些战舰大多是木制的，一旦中弹就很容易起火沉没，所以土耳其人侦察到彼得一世乘坐的指挥舰时，立刻集中所有的炮火进行攻击。土耳其人看到雨点般的炮弹都倾泻到那艘指挥舰上，以为它必定会带着浓烟和烈焰沉进大海。但让他们大惊失色的是，那些落到俄军指挥舰上的炮弹并没有爆炸，而是反弹了回来，有的甚至弹到土耳其人的舰船上。他们以为俄军有神

俄军战船模型

相助，不敢贸然进攻，就在这时候，俄国舰队从四面包围过来，将土耳其舰队击垮。

取得了海战的胜利后，彼得一世又亲自指挥俄国舰队猛烈炮击亚速要塞，在战斗过程中，他经常出现在前沿阵地上，毫不畏惧地出现在敌人面前。彼得一世的妹妹听说后，非常替皇兄担心，彼得在给妹妹的回信中开玩笑地说："我并非迎着子弹走去，而是子弹向我飞了过来。"

亚速海战后，俄国海军一举成名。事后，战败的土耳其人给自己找理由说，并不是他们打不过俄国人，而是彼得一世的战舰是用"神木"制成的。其实，俄国的一些战船采用了一种特殊的橡木做材料，其木质含有半透明的胶质，还含有铜、钴、铬等金属成分，遇到冲击时能产生强大的弹性，遇到高温时还能产生出一个防火层。

4.乔装出访

1697 年，彼得一世又做出一个惊人的决定，派遣一个由 250 人组成的庞大使团，前往西欧国家去取经。这个使团由列福尔特率领，他身边经常有一个名叫鲁尤特尔·米海伊洛夫的下士。人们都以为这个下士是个随从侍者，却没有想到他竟然是彼得一世本人。

俄国使团乘坐的轮船首先到达瑞典，但瑞典人不欢迎他们到处参观，他们接着来到荷兰，受到了热烈欢迎。有一次，他们参观完一家造船厂后，彼得一世突然提出要留在这家船厂里做工。列福尔特大吃一惊，哪有一国之君在外国船厂里做工的道理，就对他极力劝阻，但彼得一世的决心谁也动摇不了，俄国使团只得向荷兰方面提出申请，满足了彼得一世的要求。不久，彼得一世又转到阿姆斯特丹的一家造船厂当学徒。在此期间，他不仅掌握了造船的主要技术，还物色到了一些技术高超的工匠，许以高薪，让他们去俄国帮助造船。

1698 年，俄国使团访问英国伦敦，在这里彼得一世走访工厂、学校、博物馆、军火库，参观了牛津大学等高等学府，甚至还参加了英国议会举行的一届会议。一年半的时间过去后，彼得一世大开眼界，真是不虚此行。

彼得一世远途归来后，几位大臣前来问候，他突然操起手中的剪刀朝他们的胡子剪去。当时，俄国人以保留一部宽阔而密实的大胡子为荣，长胡子是那个时代俄国人自豪的标志，东正教甚至把胡子看作是"上帝赐予的饰物"。被剪掉胡子的大臣们号啕大哭，却不明白沙皇陛下为什么要这样做。原来，彼得一世认为，长长的胡子是俄国落后的象征。接着他宣布：剪胡子是全体居民的义务，要想保留胡子就得缴重税。官吏和贵族每年要缴60卢布，平民缴30卢布。

从剪胡子开始，彼得一世拉开了改革的帷幕。他下令剪短俄国人的传统长袍，推行欧洲的礼仪服饰；宣布废除旧历法，推行通用的公元历法；按照西欧的模式兴办学校，开设数学课程，设立海洋学校、炮兵学院、工程学院，并要求每个省设立两所技术学校；贵族子弟必须学会数学和一门外语，否则不得结婚，也不得保留贵族身份，对于不认真学习的贵族，可以判处流放。

为了给整个民族打开眼界，彼得一世在彼得堡附近兴建了俄国第一家博物馆和图书馆。1719年，这家博物馆和图书馆正式开放，供大众自由参观。有人建议博物馆和图书馆像西方那样酌情收费，彼得一世没有同意，他说："我要下令，不但允许一切人免费前来，而且如果有人带领同伴一起参观，我还要自己掏腰包在这些陈列室里请他们喝咖啡，饮伏特加。"

彼得一世说到做到，据说这项开支每年高达400卢布，而作为一国之君的彼得一世本人一年的开支也不过1000卢布。

1725年12月，俄国科学院正式成立。彼得亲自为科学院制定了预算，每年高达25000卢布。优厚的待遇召来了德国、荷兰等国的大批科学家，他们成为俄国科学院的第一批院士。从这时开始，对科学研究的重视就成了俄国的传统，并一直延续下来。

俄国科学院

5.波尔塔瓦战役

彼得一世的改革促进了俄国的经济发展，增强了军事实力，接下来他要做的就是进行领土扩张，打通波罗的海的出海口。但事情并不这么简单，雄踞波罗的海的北欧军事强国瑞典此时在实力上要超过俄国，几次从俄国人手中夺去大片土地。要想夺取波罗的海的控制权，就必须先打败瑞典，为此，彼得一世同波兰、丹麦结盟，组成"北方同盟"，共同对付瑞典。

1700年，"北方同盟"向瑞典宣战。当年11月，彼得一世率领4万大军进攻瑞典人控制的纳瓦尔。瑞典守军只有1000多人，但靠着400门火炮的强大火力，顽强抵抗，使俄军久攻不下。瑞典年轻的国王查理十二亲自率领3万大军前来解围，他下令集中炮火向俄军猛轰，给对手造成重大伤亡。俄军在这场战斗中几乎全军覆没，只剩下两个禁卫团，还丧失了全部的高级军官。

彼得一世败回国内后，认真总结经验教训，加大军事改革力度，重整军队，增添新式火炮装备部队，很快就使俄军恢复元气。1701 年，俄军再度出击，攻陷了纳瓦尔，并占领了诺特堡、伊万哥罗德等地。为了建立一个坚固的“朝向欧洲的窗户”，彼得一世下令在涅瓦河口修筑一座堡垒，还为自己建造了一座木屋，这就是圣彼得堡的来历。10 年后，经过成千上万名奴隶的辛勤建设，这里成为俄国的正式首都。

1709 年，俄军和瑞典军队再一次展开决战，决战的地点是一座名叫波尔塔瓦的小城。这座小城只有数千俄军守卫，查理十二以为可以轻而易举地拿下来，使瑞典军队获得给养。但是守城俄军打得非常顽强，瑞典军队发动了几次进攻都没有攻进去。波尔塔瓦保卫战成功地拖住了瑞典的主力部队，给俄军集结赢得了时间。彼得一世在完成了总体部署后，亲自率军赶到波尔塔瓦，对瑞典军队形成两面夹击之势。

1709 年 7 月 8 日凌晨，会战打响了。2 万名瑞典士兵编成 4 个步兵纵队和 6 个骑兵纵队向俄军发动进攻，查理十二因伤不能骑马，坐在担架上指挥进攻。当瑞典军队全部进入俄军的火力射程之内后，突然遭到俄军火力的交叉射击，伤亡惨重，纷纷后退，冲在最前边的瑞典军队与主力失去了联系，结果被俄军骑兵全部歼灭。

早晨 6 时，彼得一世决定发动反攻，步兵挺着刺刀，排成整齐的方阵，向瑞典军队的阵地前进，瑞典步兵也展开战斗队形迎战。两军很快就进入白刃战，步兵的刺刀卷刃了，就赤手空拳与敌人搏斗，骑兵的战马倒下了，就挥动战刀与长矛下马步战，就连双方的伤员也上阵搏杀。查理十二的卫兵全部投入到这场惨烈的白刃战中，最后只剩下三个人。

就在双方陷入混战的时候，彼得一世率领的骑兵大队突然冲出来，战场上的俄军立刻占了优势。就在这个关键时刻，查理十二晕倒了，一头从担架上栽了下来，被抬出了战场。失去指挥的瑞典军队顿时大乱，争相后撤，很快又变成了溃逃，查理十二只率领几千名残兵败将逃往土耳其。战斗结束后，瑞典军队战死 9000 多人，被俘 1.8 万余人，而俄军的伤亡数总共为 4635 人。

彼得一世塑像

波尔塔瓦战役是北方战争的转折点，虽然此后战争又持续了 12 年，但俄军已经取得战争的主动权。1721 年，瑞典被迫与俄国签订了《尼斯塔特和约》。通过这场战争，俄国掠夺了大量土地，打通了波罗的海的出海口，一跃成为欧洲军事强国。为了让俄国的子孙后代铭记彼得一世的赫赫功勋，俄国枢密院给他加封“祖国之父”的称号，并尊称他为“大帝”。

叶卡捷琳娜二世画像

6.开明而残忍的女皇

1725年2月8日，彼得大帝在圣彼得堡病逝。彼得大帝在位时，废除了俄国传统的长子继承法，规定王位继承人应由沙皇本人来指定。可是彼得大帝处于弥留之际只说出了半句话：“请将我的一切交给……”然后就咽气了。彼得大帝去世后，他的第二个妻子叶卡捷琳娜借助他的宠臣缅希科夫的力量登上王位，就是叶卡捷琳娜一世。她只当了两年女王就死了，传位给彼得大帝的孙子阿列克谢耶维奇，就是彼得二世。到了1762年，俄国又出来一位叶卡捷琳娜，她是彼得三世的妻子。1761年彼得三世登上王位后，很快就另有新欢，这时候的叶卡捷琳娜面临着皇后地位被废除并被送入修道院的危险。为了保全自己，她在宫廷近卫军军官奥尔洛夫的帮助下发动了政变，监禁了自己的丈夫，登上沙皇的宝座，称为叶卡捷琳娜二世。政变成功后的第六天，叶卡捷琳娜二世授意奥尔洛夫的弟弟阿列克谢将彼得三世杀害了，接着又假惺惺地为彼得三世举行了葬礼。

叶卡捷琳娜二世的王位来得不地道，但从治理国家这方面来说，她要比昏庸无能的彼得三世不知要强上多少倍，堪称是彼得大帝忠实的继承人。到了她执政末年，俄国的版图西起波兰，东端一直到达北美的阿拉斯加，俄国的人口、军队成倍增长，新建城市200多座。俄国宫廷被称作是欧洲最豪华和最奢华的宫廷之一，叶卡捷琳娜也被尊称为“大帝”。在对外政策方面，她对土耳其发动了两次战争，打通了黑海口，侵占了包括克里木半岛在内的黑海北岸广大地区。她还三次策划瓜分波兰，使俄国分得46万多平方千米的土地。1789年法国大革命爆发后，她力图组织反法联盟，积极参与欧洲君主国镇压法国革命，在俄国历史上开创了干涉欧洲革命的先例，使俄国成为欧洲宪兵。望着大大扩张的俄国版图，叶卡捷琳娜二世曾豪情万丈地说：“假如我能够活到200岁，全欧洲都将匍匐在我的脚下！”

叶卡捷琳娜二世早年读过许多西欧启蒙思想家的作品，推崇“开明专制”。她赞助和支持俄国艺术的发展，比西欧任何一位君主都更慷慨。有一次，她听说法国的大哲学家、思想家狄德罗生活窘迫，不得不变卖自己的大量藏书来维持生计，女王立即资助他几十万卢布，买下了他所有的藏书，只提出了一个要求，那就是在狄德罗去世之前不要让他和他的书分开，因为“这是一件最痛苦不过的事”。

不过，叶卡捷琳娜二世的仁慈和慷慨并不是对所有人的，她还有极其残忍的一面。1770年5月，一个阳光明媚的日子，刚刚巡航归来的“神圣的瓦尔瓦拉号”军舰安静地停泊在黑海海港里，官兵们有的在擦拭武器，有的在冲刷甲板，还有的哼着小调在船舱里刮胡子。

突然，一串串炮弹呼啸而来，海面上激起了冲天的水柱。刹那间，浓烟和烈火就笼罩住了整艘军舰，在震耳欲聋的爆炸声中，船舱中涌进大量海水，船身急剧倾斜，很快就沉到海里，舰上的几百名官兵有的随舰沉入海底，有的在海面上垂死挣扎着。

“神圣的瓦尔瓦拉号”军舰的官兵根本不可能想到，下达炮击命令的恰恰是女王叶卡捷琳娜二世本人。她想要得到一幅真实地反映海战的巨型油画，来装饰自己豪华的宫殿，便下令让炮兵在一边打，画家在一边画。在女王的眼里，一艘战舰及舰上的几百条生命竟然不如一幅油画。

普加乔夫画像

7.普加乔夫起义

自从彼得三世不明不白地突然死去后，俄国国内便谣言四起，很多人声称彼得三世没有死，他们亲眼看见他逃出了王宫。叶卡捷琳娜二世知道这是有人在故意造谣，所以根本不予理会，可是到了1773年9月，突然传来消息说，在乌拉尔河畔的亚伊克镇附近，有一个自称是彼得三世的人，聚集起了一支由80名哥萨克人组成的队伍，公开宣称要推翻女王的统治。这一下叶卡捷琳娜二世不禁有些惊慌，便召来当年处死彼得三世的阿列克谢，问他彼得三世到底死了没有。阿列克谢发誓说：“我有胆量欺骗上帝，也没有胆量欺骗女王陛下。”女王相信他说的是真话，冷冷一笑道：“看来又是一个冒牌货！”

那位假借彼得三世之名的人真名叫普加乔夫，他出生在顿河岸边一个哥萨克农民的家中，18岁时应征入伍，参加过瓜分波兰的七年战争，也和土耳其人交过手。由于他作战勇敢，被提升为少尉，后来因为生病而退伍还乡。

早在1772年，普加乔夫就曾冒充过彼得三世，以此号召贫苦的农民参加起义。谁知消息泄露，他被抓进了监狱。1773年5月，他在朋友的帮助下逃出监狱，再次以彼得三世的身份组织起义。普加乔夫的队伍很快就壮大起来，他们缴获了大批武器弹药和粮食后，开始进攻奥伦堡。沙俄政府派出以卡尔少将为首的讨伐队前去增援，却被起义军打得大败而逃。

奥伦堡城池坚固，普加乔夫便采取围而不攻的战术。他把指挥中心设在距离奥伦堡只有6000米的别尔茨卡亚斯洛博达，在这里普加乔夫向全国人民发表宣言，承诺一旦“彼得三世”复位，即刻废除农奴制，处死作恶多端的地主，把土地分给农民，取消人头税。普加乔夫的这个宣言让那些因没有土地耕种而沦为奴隶的农民们欣喜若狂，他们纷纷起来响应普加乔夫的号召，自愿前来参军参战，乌拉尔地区工厂的工人们还为起义军送来了大炮和其他武器。不到一年的工夫，普加乔夫的起义军就发展到了3万多人。然而，普加乔夫只顾围困奥伦堡，没有及时向伏尔加河流域进军，使得叶卡捷琳娜二世赢得了动员兵力的时间。

1773年12月，叶卡捷琳娜二世调遣三路大军增援奥伦堡。第二年3月，普加乔夫率领的起义军在塔季谢瓦要塞与政府军展开决战。决战持续了6个多小时，起义军被政府军击败，约2000人阵亡，4000人受伤被俘，还损失了全部火炮。4月1日，普加乔夫与政府军在萨克马拉镇附近再次交战，又遭失败，他的许多亲密战友被俘或阵亡，普加乔夫率领一支500人的队伍冲出重围，逃进乌拉尔山区隐蔽起来。

一年后，在伏尔加河流域的农奴和各族人民的广泛支持下，普加乔夫东山再起，起义军又发展到上万人。就在这时候，普加乔夫犯了一个战略性错误，他停止了向莫斯科进军，转而南下，希望在顿河地区得到补充后再回师俄国中心地区。南下途中，普加乔夫的队伍得不到平民的支持，而叶卡捷琳娜二世却抓住这个时机，调回在土耳其前线作战的军队，将起义军包围在索列尼科瓦瓦塔加附近。战斗刚一打响，起义军内部就出现了叛徒，丢下火炮就跑，普加乔夫被迫带领一支小队伍撤退到伏尔加河左岸的草原上。在那里，普加乔夫落进叛徒们的手里，被交给了政府军。1775年1月10日，普加乔夫等人在莫斯科博洛托广场上被砍头肢解。

普加乔夫起义被镇压下去后，叶卡捷琳娜二世颁布了“全俄帝国各省管理体制敕令”，加强贵族在各地的权力，在被征服的少数民族地区实行强制的俄国化政策。她还废除了彼得一世时期沿袭下来的贵族阶层承担为国家服务的义务，使贵族不用尽任何义务就可以通过世袭拥有土地和农民，地主有权放逐农民，农民必须服从地主。随着贵族权势的无限膨胀，农民和农奴的状况日益恶化，俄国的农奴制度发展到了顶点。

苏沃洛夫画像

8.攻陷伊兹梅尔要塞

彼得大帝在位期间没能完成最终打通黑海出海口的愿望，叶卡捷琳娜二世心有不甘，便挑逗土耳其对俄宣战，结果俄国大获全胜，土耳其除了割地赔款之外，还被迫承认克里木汗国独立(后为俄国吞并)，并允许俄国商船可以自由出入黑海的出海口。

1787年，两国战争再次爆发，土耳其人首先向封锁第聂伯河口的金布恩要塞发起进攻。当时，俄军指挥官苏沃洛夫正在教堂里做礼拜，有人来告诉他，土耳其陆战队登陆了，苏沃洛夫好像没有听到对方在说什么，继续做礼拜。礼拜结束后，他才离开教堂，指挥士兵进行反击。反击中他冲在队伍的最前边，经过多次殊死的搏斗，终于把土军赶到了海边。突然，一颗子弹打穿了苏沃洛夫的左前臂，鲜血直流，他的两个手下急忙把他搀扶到海边，用海水为他清洗伤口。做完简单的包扎后，苏沃洛夫一翻身跨上战马，朝着战斗最激烈的地方冲过去。激战过后，狭长的金布恩海滩上堆着4300多具土军的尸体。这个消息传回土耳其国内，11名土耳其军事长官被砍头，人头被摆放在王宫里示众。

1790年，第二次俄土战争进入关键时期，苏沃洛夫接到叶卡捷琳娜二世的书面命令，让他夺取多瑙河左岸由土耳其精锐部队据守的伊兹梅尔要塞。这座要塞是按照法国工程师的设计图加固和改建的，要塞建在山坡上，城堡高达15米，城墙外有一条10米宽的护城壕。土耳其守军配备有各种口径的火炮265门，守备部队多达3.5万名。俄军名将波将金率部久攻不下，士兵情绪极为低落。

苏沃洛夫来到伊兹梅尔要塞前线后，就把自己统率的部队编成三个集团九路总队，分别从东、西、南三个方向同时发起猛攻。他故意不明确由哪个集团军担任主攻，让他们都以为自己是主攻部队，以激发他们的战斗力，同时也让土耳其人无法确定防守重点。

经过两个多月的强攻，伊兹梅尔要塞还是没有打下来。这时候已经进入冬季，部队的给养、粮食、弹药都接济不上了，疾病和失败的情绪在军中不断蔓延。指挥第六纵队的指挥官库图佐夫少将把这些困难都写进报告，请求苏沃洛夫将军发兵支援。苏沃洛夫收到求援信后，不但没给库图佐夫一枪一弹、一兵一卒，却给大本营发了一份捷报，声称“伊兹梅尔要塞已被库图佐夫将军占领”。同时，苏沃洛夫又发了一份委任状，任命库图佐夫为伊兹梅尔要塞司令。

这一下库图佐夫骑虎难下了，如果不能攻占要塞，那就是“欺君之罪”，不仅身败名裂，还会被杀头。库图佐夫被逼无奈，只得调动起所有的智慧和勇气，精心部署，身先士卒，竭尽全力地发动强攻，终于攻下了伊兹梅尔要塞。

这一仗土军伤亡2.6万人，剩下的9000人全部被俘，俄军缴获了大量战利品，光战马就有上万匹，士兵们分得了价值上百万卢布的货物。

9.远征瑞士

1799年，70岁高龄的苏沃洛夫受命担任俄奥联军总司令，进入意大利境内与法国军队作战。在一系列作战中，苏沃洛夫指挥的联军歼灭了三个法国集团军，解放了意大利北部。此后，苏沃洛夫本打算进攻法国本土，向格勒诺布尔、里昂和巴黎方向实施突击，就在这时候，英国和奥地利担心俄国在地中海和意大利地区的影响增大，就决定将俄国军队调走。接到命令后，苏沃洛夫把奥军留在意大利，自己率领俄军前往瑞士，与在那里作战的俄军会合。

9月11日，苏沃洛夫率军开始了对瑞士的远征。在翻越阿尔卑斯山时，天寒地冻，大雪纷飞，苏沃洛夫披着单薄的斗篷，和战士们一起翻山越岭。战士们走累了，他就鼓励说：“勇士们，一只鹿能拐弯的地方，就是你们能够越过的地方，跟我前进吧！”在苏沃洛夫的带领下，俄军克服了难以想象的困难，翻过了罗斯托克山口，用苏沃洛夫的话说，那就是“俄国刺刀穿透了阿尔卑斯山”。

9月27日，俄军进入穆奥滕谷地，到了这里才知道，进入瑞士的俄军已经被法军击溃，苏沃洛夫的军队粮弹将绝，陷入三倍于己的法军的重重包围之中，处境极其险恶。战斗开始后，法军向俄军阵地发起了疯狂的冲锋，俄军的武器和装备都不如人家，更重要的是被对方的气势吓倒了，纷纷向后逃跑。苏沃洛夫见状十分震惊，但他并没有责骂他的士兵，而是骑上战马，跑到逃兵的最前头，一边跑还一边喊：“好汉们，快跑呀！把敌人都吸引过来。”听苏沃洛夫这么一喊，逃兵们反倒觉得自己不是在逃跑，而是在诱敌，脚步不由得慢了下来。突然，苏沃洛夫把马缰一勒，战马横了过来，挡住了

苏沃洛夫塑像

逃兵们的去路。苏沃洛夫高举战刀，威严地命令道："全体官兵，向后转，前进！"然后，他一马当先，迎着敌军冲杀过去。刚才还在逃命的士兵们，一下子变成了追兵，法军士兵反倒掉头就跑。

苏沃洛夫士兵出身，不但善于鼓舞士兵的斗志，还经常用极为简洁的命令来训练士兵们的理解力与悟性。有一次准备出征的时候，他下了一道命令，只有短短的六个字："不要弄潮子弹。"新兵们被搞得不知所措，跟随苏沃洛夫征战多年的老兵们立刻就理解了这道命令的含义。原来，在行军途中要涉过一条河，渡河时战士们要把子弹夹系高一点儿，这样才不会弄潮子弹。

得胜归来后，沙皇授予苏沃洛夫俄国大元帅的军衔。并在圣彼得堡马尔索沃广场上为他建立纪念碑，以表彰他率部远征瑞士所建立的功勋。1800 年 5 月 18 日，苏沃洛夫在圣彼得堡离开人世，被安葬在亚历山大·涅夫斯基修道院，墓碑上刻着简短的铭文"苏沃洛夫之墓"。

10.第一届大陆会议

18 世纪初，英国人在北美洲大陆上相继建立起 13 个殖民地，为了更多地掠夺北美殖民地民众创造的财富，英国政府不但巧立名目征收赋税，还向北美大陆派去了大量军队，控制民众的反抗。

1770 年 3 月 5 日，驻扎在波士顿的英军士兵与制绳工发生冲突，绳索制造工人们冲到海关，向守卫在那里的英国兵投掷雪球。晚上 8 时，钟声大作，人们手持棍棒走上街头，高呼赶走可恶的"红虾兵"(对身着红色军服的英国军队的蔑称)。英军前来镇压，中尉普林斯顿下令向群众开枪，打死 5 人，打伤 6 人，这次流血事件史称"波士顿惨案"。消息传开后，其他城市的群众纷纷起来抗议英军驻扎，英军被迫撤出波士顿。

"波士顿惨案"发生后，英国议会担心暴力冲突加剧，取消了许多针对美国殖民地的税收，紧张局势暂时得到了缓和，但茶叶税仍然保留下来。1773 年 12 月，英国东印度公司的运茶船开进了波士顿港口。在此之前，英国的东印度公司由于财政困难濒临破产，为了挽救这家公司，英国政府打算帮助它把积压的8000吨茶叶倾销到北美殖民地，只收很少的茶叶税，使得东印度公司的茶叶要比当地人自己经销的“走私茶”便宜一半左右，这样一来，北美大陆人自己的茶叶就卖不出去了。

为了保护当地人的利益，波士顿的一伙贩茶青年成立了一个“波士顿茶党”，专门对付英国的茶叶倾销。他们阻止不了东印度公司的茶叶上岸，又不能违法放火烧船，就想出了一条妙计。

12月16日晚上，他们穿上印第安人的服装，唱着印第安人的歌曲，手持短斧，分三批登上东印度公司的三艘运茶船。只听一声呼啸，他们就劈开木箱，七手八脚地搬起茶叶往海里扔。船上的人想上前阻拦，可是一见他们那副凶神恶煞的样子，谁也不敢上前了。在岸上人群的围观下，这些“印第安人”用了三个小时的时间，把船上价值18000英镑的342箱茶叶全都扔进大海。这就是美国历史上有名的“波士顿毁茶事件”。

事件发生后，英国政府极为恼怒，接连颁布了五项苛刻的法案，内容包括封锁波士顿港口，未得到殖民地总督许可禁止市民集会，英军士兵在北美犯罪当地法律无权追究等。英国政府还再次增派兵员，任命英军驻北美殖民地总司令盖奇担任马萨诸塞总督，随时准备动用武力镇压北美民众的反抗。

北美大陆的人民并没有被这些高压法令所吓倒，他们纷纷举行罢市、罢工和示威游行，还组织训练民兵，随时为争取自由而投入战斗。这些民兵被称为“一分钟人”，意思是一旦遇到紧急情况，他们在一分钟后就能拿枪集合起来。在纽约，愤怒的人们还推倒了英王乔治的铜像，砸碎后拿去铸造子弹。

1774年9月，12个殖民地的代表共55人聚集在费城开会，史称“第一届大陆会议”。除了佐治亚州由于总督的百般阻挠没有派来代表，其他各州的代表都来了。这些有的是当地议员推举出来的，有的是直接由当地居民选举出来的。尽管他们的意见不统一，但大会还是通过了一个《权利宣言》，宣布北美大陆的殖民地人民理应享有生命、自由和财产的权利，在伦敦的英国政府无视民众的这些权利，施行暴政，必须谴责，封锁波士顿港等五项法案“是不可容忍的”，英政府必须废除。会议还规定，在实现这些要求之前，禁止英国输入或向英国输出任何商品，禁止购买英货，违反禁令者一律以“美洲自由之敌”论处。

《权利宣言》的署名为“大陆联盟”，代表了13个北美殖民地的民众团结起来，争取自由的严正立场。从此以后，“大陆会议”逐渐成为北美13个殖民地民众争取自由、独立运动的最高领导机构。

11.列克星敦的枪声

自从“第一届大陆会议”召开后，英国政府同北美大陆之间的关系顿时紧张起来，英军驻北美殖民地总司令盖奇不敢掉以轻心，派出很多侦察人员，密切注视北美殖民地民众的动向。

1775 年 4 月，盖奇得到一个消息，说是在离波士顿不远的康科德镇上，有一个反英组织的秘密军火库，盖奇立即命令史密斯少校率领 800 名英军前去搜查。部队连夜出发了，4 月 19 日凌晨，他们来到了离康科德附近的一个名叫列克星敦的小村庄。波士顿的反英组织很快就得知这个消息，急忙在波士顿教堂顶上挂起一盏红灯，并派雕版匠保尔·瑞维尔立即骑马赶到康科德报警。

英军经过一夜的行军，来到了列克星敦村外，发现草地上站着几十个手握旧猎枪的村民，喝令英军赶快退回去。史密斯少校根本没有把这些人放在眼里，拔出指挥刀下令：“继续前进！”列克星敦的民兵立刻予以还击，顿时枪声大作。几分钟后，民兵们因为人少撤离了战场，分散隐蔽起来。

史密斯初战告捷，非常得意，指挥士兵扑进康科德镇，但街道上看不见一个人，家家关门闭户。史密斯下令进行搜查，英军折腾了大半天，什么也没找到。史密斯觉得情况有些不妙，便下令撤退。就在这时候，镇外突然响起了喊杀声和枪声，原来是附近各村镇的民兵们得到了消息，从四面八方向康科德赶来。他们包围了正在撤退的英军，从篱笆后边、灌木丛中、房屋顶上、街道拐角处向英军射击。英军一批又一批地倒在地上，而当英军举枪还击时，却连民兵的影子也找不到。英军狼狈不堪地向波士顿方向退却，一路上死伤了 247 人，如果不是从波士顿开来了一支援军，史密斯为首的这支队伍就会被全数歼灭。

12.华盛顿与美国独立战争

列克星敦的枪声震动了北美的 13 个殖民地，宣告北美殖民地民众武装争取独立的斗争正式开始。各地民兵争相夺取英军的武器弹药，袭击英国士兵。在人民群众的推动下，第二届大陆会议在费城召开，决定以武力反抗英国的殖民统治，建立正规军，即大陆军，任命乔治·华盛顿为总司令。1776 年 7 月 4 日，大陆会议通过《独立宣言》,正式宣告美利坚合众国的诞生。

大陆军总司令乔治·华盛顿是一位富有的种植园主之子，年轻时曾在军中服过役,获得了丰富的军事经验。解甲归田后,他继承了一大笔遗产,成了一位大富翁。华盛顿积极主张独立,而且有着卓越的指挥才能,因此被一致推选为大陆军的统帅。上任后,华盛顿立即骑马前往波士顿,亲临前线指挥战斗。

战争初期,美军打得非常艰苦。他们中的大多数人是临时招募来的农民,没有受过正规的军事训练,衣服破烂不堪,没有武器,经常吃不饱,穿不暖。而他们的对手却装备精良,训练有素,后勤供应充足。所以,美军一败再败,纽约等要塞相继失守。到1777年9月,连费城也被英军占领了。在极端严峻的形势下,华盛顿以非凡的才干,把缺乏组织纪律性和统一指挥的美军组织起来,逐步建立起了一支强大的正规军。

1777年,英国新近从德意志招募的一支雇佣军来到加拿大,其实力得到加强。为了速战速决,英军在柏戈因的率领下自加拿大向南进攻,企图与另外两路英军合围新英格兰,切断大陆军与新英格兰的联系。10月9日,英军对坚守在比米斯高地上的美军发起进攻,重点突击美军左翼。美军在盖茨将军的指挥下,隐蔽在工事里放冷枪,不断杀伤英军。与此同时,英军右翼绕过大峡谷向南攻击美军左翼,美军以密林为掩护,用肯塔基步枪射击英军。肯塔基步枪是一种来复枪,射程远,杀伤力强,要比英军配备的滑膛枪厉害多了,因此英军吃了大亏,只得构筑阵地,同美军对峙。伯戈因为了探明美军左翼虚实,派出由1600名士兵组成的精锐兵团,分三路对美军左翼实施武装侦察,美军也分兵三路迎击英军。一场激战过后,美军首先击溃了两翼英军,随后集中兵力三面围攻中路英军,在工事里待命的美军乘机出击,一举夺占了英军阵地。柏戈因见势不妙,连夜指挥部队撤退,当他们退到纽约州的萨拉托加一带时,被大陆军团团包围起来,在人数上处于一比四的劣势。在退路被断、孤立无援的情况下,伯戈因被迫于10月17日率余部5000人向美军投降。大陆军获得了一大批急需的大炮、7000件轻武器、大量服装、帐篷和各种军用物品，使得美军的装备状况获得了很大改善。

华盛顿画像

萨拉托加一战是北美独立战争的转折点，随后华盛顿指挥大陆军进行大规模的反攻，一直在观望的法国人也对英宣战，一举扭转了战局。1781年9月,英军统帅康华理率领7000名英军在约克镇向华盛顿投降,美国独立战争取得了最后的胜利。1783年9月,英美签署了《巴黎和约》,英国正式承认美国独立。战后,华盛顿当选为美国首任总统。

13.攻陷巴士底狱

18世纪以前，法国一直是欧洲典型的封建专制主义国家，全国居民被分为三个等级，第一等级是天主教教士，“以祷告为国王服务”；第二等级是贵族，“以宝剑为国王服务”；第三等级是资产阶级、农民和城市平民，“以财产为国王服务”。波旁王朝的国王是特权阶级的最高代表，用路易十四的话说那就是“朕即国家”。

1788年，法国连续两年粮食歉收，国家出现了财政危机。国王路易十六眼看着国库空虚，于是就在1789年5月召集已经停止了175年的“三级会议”，想让第三等级拿钱帮助统治者渡过难关。第三等级的代表识破了国王的诡计，索性不承认自己是第三等级，而是全体国民的代表。6月初，600名第三等级的代表召开了一次“国民会议”，准备制定一部宪法，把三级会议变成国家的最高立法机关。路易十六得知这件事后，暴跳如雷，大骂第三等级大逆不道。他秘密把效忠王朝的军队调回巴黎，准备逮捕第三等级的代表。消息传开后，上万名巴黎市民涌上街头举行集会游行，路易十六派出骑兵向手无寸铁的市民挥舞屠刀，许多人被打死打伤。7月13日清晨，巴黎市民们冲进军火库，夺取枪支弹药，一场武装起义就这样爆发了。手执武器的市民攻占了一个又一个的阵地，巴黎市区里到处都有起义者建的街垒。

7月14日，起义达到高潮，起义队伍在一阵阵愤怒的呐喊声中，从四面八方向巴士底狱涌去。巴士底狱原是一座防御外来侵略的军事要塞，后来成为一个禁锢政治犯的重要监狱。凡是胆敢反对封建制度的著名人物，大都被监禁在这里。人们像痛恨封建制度一样，痛恨这座万恶的巴士底狱。

守卫巴士底狱的士兵从房顶上和窗户里向起义者开火，塔楼上的大炮也开始轰击，暴风雨般的火力压住了试图接近巴士底狱的起义战士。一个多小时过去了，战斗仍然没有什么进展，就在这时候，有人推来一门威力巨大的火炮，随着几声巨响，巴士底狱吊桥的铁链被轰断了，一部分守军举起白旗投降。起义群众高呼着“自由万岁”的口号，把这座象征着法国专制王朝的堡垒拆除了。攻占巴士底狱标志着法国大革命的开始，从此

7月14日这一天被定为法国的国庆日。革命者很快就制定出“八月法令”和《人权宣言》,资产阶级控制了制宪议会。

路易十六画像

躲在王宫里的路易十六多次在公开场合表示他支持制宪会议,顺从地签署了大部分法令,法国人以为他真心支持革命,仍把他视为法国人民的国王。但是在暗地里路易十六分别给普鲁士、奥地利等国家的统治者写信,请求他们出兵绞杀法国革命派。1791年6月,路易十六乔装打扮一番后企图逃出法国,结果被群众发现,把他拦截回来。

1792年,法国对奥地利宣战。路易十六的皇后玛丽·安托瓦内特是奥地利帝国的公主,路易十六盼望法国革命派的军队早日战败,就指使皇后把法国的作战计划报告给敌国。这件事情泄漏后,革命者冲进王宫,把路易十六囚禁起来。国民公会本来打算就此废掉国王,成立共和国,就在这时候,革命者在搜查杜伊勒里宫时,在一面宫墙的墙壁中发现了一个铁柜,打开一看,里面装有路易十六勾结敌国阴谋镇压革命的很多文件。国民公会随即对路易十六进行审判,最后以387票赞成、278票反对的结果对国王判处死刑。

1793年1月21日这一天,巴黎市区大雨如注,但是革命广场(今协和广场)上仍然人潮汹涌,大家都要亲眼看到国王是怎样被处死的。押在囚车里的路易十六在街上走了1个多小时,最后被推到设在革命广场上的断头台上。走上断头台时,他高喊起来:“我清白地死去。我原谅我的敌人,但愿我的血能平息上帝的怒火。”他的声音很快就被民众的呼喊声淹没了。上午11时,行刑的鼓声响了起来,断头刀猛然落下,刹那间路易十六便身首异处。让人感到滑稽的是,当年路易十六曾亲自参与过断头台的设计,为加速断头台的杀人效率,他还命人将铡刀改成三角形的。路易十六做梦也不会想到,他最后就死在自己修改过的断头台上。

14.雾月政变

路易十六被处死后,英国人企图乘机夺取法国的海外殖民地,便与荷兰、普鲁士、奥地利、西班牙、撒丁、那不勒斯、俄国等组成第一次反法同盟,从各个方向进攻法国。就在这个危急时刻,年轻的拿破仑横空出世,担负起了巩固法国大革命成果的重任。

拿破仑塑像

拿破仑出生在科西嘉岛的阿雅克肖城，他的家族是一个没落的意大利贵族世家，法王承认其父亲为法兰西共和国贵族。1795年，拿破仑成功地平定了保王党的武装叛乱，一夜之间荣升为陆军中将兼巴黎卫戍司令，开始在军界和政界中崭露头角。1796年3月2日，26岁的拿破仑被任命为法兰西共和国意大利方面军总司令，3月6日他与情人约瑟芬结婚后便匆匆奔赴前线。来到意大利后，拿破仑把一支军心涣散的弱小军队训练成一支所向披靡的无敌大军，打败了奥地利在意大利的全部军队，写下了军事史上的神话，第一次反法同盟宣告失败，拿破仑从此成了一代名将。

取得了意大利之役的胜利后，拿破仑的威信越来越高，成了法兰西人心目中的英雄。1798年，他被任命为东方军团司令，率领一支庞大的远征军向北非进军，以遏制英国人的势力在这个地区的扩张。拿破仑本人精通数学，同时还十分喜爱文学和宗教，所以他的远征军中除了2000门大炮外，还带了175名各行业的学者以及成百箱的书籍和研究设备。在远征中拿破仑还下达过一条著名的命令："让驴子和学者走在队伍中间。"

1798年，拿破仑率部成功地占领了亚历山大港，成为继亚历山大大帝之后又一位占领这个港口城市的统帅。随后他指挥远征军克服了重重困难，连续赢得了几个战役的胜利，最终占领了开罗。在此期间，拿破仑一直担心英国皇家舰队会突然袭击法国舰队，封锁远征军的海上通道，然而，不幸的事情还是发生了。法国舰队在尼罗河中的阿布基尔湾遭到英国海军的突然袭击，除一艘成功突围外，法国舰队全军被歼，舰队司令阵亡。

就在法国远征军面临彻底失败的时候，拿破仑偶然见到了一张过期报纸，上边说第二次反法同盟已经形成，法军在莱茵地区一败再败，再次丢失了意大利，法国新的政府机构(督政府)贪污腐败，人心全失。于是，他就把远征军的指挥权交给了克莱贝尔将军，自己秘密回国，于1799年11月9日派军队控制了督政府，接管了革命政府的一切事务。这一天是法国共和历的雾月18日，所以史称"雾月18日政变"。政变成功后，拿破仑组成了执政府，建立了三人执政体系，由他自任第一执政，实际上已经成为法国的独裁者了。

15.翻越阿尔卑斯山

拿破仑执政后，反法联盟的军队正在向法国步步紧逼，其中数奥地利军队威胁最大，它已经侵占了意大利，正准备从意大利向法国进攻。拿破仑决定先打败奥地利，然后击败反法联盟。但是，怎样攻击意大利境内的奥地利军队呢？在历史上法国人总是从亚平宁山区进入意大利北部，这一次拿破仑也摆出了走老路的假象，暗地里却把他的精兵强将调往日内瓦，准备在那里翻越阿尔卑斯山，直袭奥军元帅梅拉斯的大本营。

1800年5月6日，拿破仑离开巴黎，前往日内瓦，他决定从大圣伯纳德山口进入意大利。5月20日，拿破仑率领法军蜿蜒曲折地行进在阿尔卑斯山的高山峻岭之中，当时风雪交加，道路险峻，部队只能排成一列行走，狭窄的地方还要侧身而过。离山口越来越近了，就在这时候，队伍停止了前进，因为道路太狭窄，车辆和笨重的火炮无法通过。就在拿破仑和手下将士们一筹莫展的时候，法军将领马尔蒙想出了一个很巧妙的办法，他让士兵们把大炮从炮车上取下来，装到掏空的树干中，然后拖过了山口。就这样，法军终于成功地翻越了阿尔卑斯山，大步迈向了意大利皮埃蒙特平原。

1800年6月4日，法奥两军在喀斯特姆奥和尼斯两地展开激战，结果法军大胜，歼敌万余，自己只伤亡了几百人。拿破仑认为下一次决战的地点应该在托尔托纳北面的沃盖，于是他就提前把主力部队调到那里，又命令得力大将德赛率领一支部队前往托尔托纳以南，堵住奥军的退路。出乎拿破仑预料的是，会战在亚历山大里亚东南的一个小村庄马伦哥打响了，而他的主力部队却被派往别处，奥军全军出动，向法军压了过来，法军节节败退。眼看着胜利已成定局，奥军元帅梅拉斯欣喜若狂，当即派人回维也纳向皇帝报捷："拿破仑坚持不了多久了，胜利是属于我们的！"

就在这个危急关头，拿破仑赶到丢失阵地的士兵们中间，厉声指责道："你们玷污了法国兵团，你们不配称为法兰西共和国的军队！我要让参谋长在你们的团旗上写上'他们不再属于法国兵团'，让全军都知道你们是胆小鬼！"

听了拿破仑的训斥，士兵们一个个都感到羞愧难当。突然，一个士兵大声喊起来："我们不是懦夫，请不要写那几个字，我们不想终身蒙受耻辱。请再给我们一次机会，我们决心把丢失的阵地夺回来！"话音刚落，其他士兵全都大声附和，他们发出一阵怒吼，争先恐后地向

拿破仑加冕图

敌人冲去。正当双方激战之时，德赛兵团及时赶到，法军的士气更加振奋，杀得敌军人仰马翻，血肉横飞，结果奥军全军溃败。法军取得了最后的胜利。

6月15日下午，奥军元帅梅拉斯在停战协议上签下了自己的名字。第二次反法同盟就此粉碎，法国脆弱的资产阶级政权也得以巩固。1804年5月18日，《共和十二年宪法》颁布，宣布法兰西共和国为法兰西帝国，拿破仑为帝国皇帝。同年12月2日，拿破仑在巴黎圣母院举行了加冕典礼，自己将皇冠戴到了头上，史称拿破仑一世。

16.特拉法加海战

第二次反法同盟虽然被粉碎了，但是拿破仑知道英国人不会甘心失败，他决心趁欧洲大陆上的封建国家还没有再度联合起来之前，就向英国主动出击。于是，拿破仑开始了紧张的对英战争准备，他在法国西部海岸布伦港建立起了庞大的军营，集中了几万名工人，夜以继日地建造新军舰、运输船、驳船。这里还集结着准备在英国登陆的几万大军。拿破仑自信地说："只要下三天雾，我就可以成为伦敦、英国议会和英格兰银行的主人。"

当时，英国拥有战列舰240艘，巡洋舰317艘；法军拥有战列舰103艘，巡洋舰55艘。在数量上，法国海军毫无优势。于是，拿破仑就制订了一个调虎离山的计划，让维尔纳夫为统帅的法军土伦舰队突破封锁，从地中海前出发到大西洋；让米赛西指挥的大西洋舰队也实施突围，前往西印度群岛。两只舰队在马提尼克会合后，对这一带的英国殖民地进行骚扰，诱使英军派兵救援。一旦英国人上钩，法国舰队就立即回头驶往英吉利海峡，为渡海登陆作战扫清道路，剩下的事情就交给天下无敌的法国陆军去办了。

纳尔逊画像

1805年10月19日，当英国海军上将纳尔逊得知法国舰队全部驶离锚地的消息后，立刻想到这很有可能是敌军的阴谋，但无论如何也要迎击敌舰，以防他们在英国登陆。10月21日拂晓，当法西联合舰队驶抵西班牙南部的特拉法加海角时，一直在监视敌舰动静的纳尔逊上将发出了"成两列纵队前进""备战"的信号，19世纪规模最大的一场海战——特拉法加海战即将打响。

此时，法西联合舰队有战列舰33艘，其中一艘为当时最大的四层甲板战列舰“三叉戟号”，共载有官兵21580人。英国舰队方面有27艘战列舰，共载有官兵16820人。战斗开始后，纳尔逊见法西联合舰队正在调换方向，立即满帆赶了过来。这时候，纳尔逊又发出了一条著名的旗语：“英国的命运寄托于每人恪尽职守！”

在隆隆的炮声中，纳尔逊乘坐的旗舰“胜利号”率领3艘三层甲板战列舰向联合舰队的前卫中央挺进，当它冒着炮火向敌方的“三叉戟号”发起攻击时，有人发现法军的“布森陶尔号”战舰的前桅上挂着总司令的将旗，纳尔逊立刻指挥“胜利号”绕到“布森陶尔号”的后方，用船头上的短炮和侧舷的火炮向“布森陶尔号”的舷窗中猛射。随后，“胜利号”向右一转，又和法舰“敬畏号”缠斗到一起。突然，从“敬畏号”的船桅上射来一颗子弹，打在了纳尔逊左肩的肩章上，穿过了他的胸部，扎到他的脊椎骨上。他身子一歪，扑倒在甲板上，立刻被抬进了船舱。

『胜利号』战舰

10月21日下午4时30分，炮声终于停了下来，但弥漫的硝烟、浓厚的火药味仍然笼罩在战场上空，鲜血染红了海面，有的军舰还在燃烧。整个会战法西联合舰队的33艘战列舰有12艘被俘，7艘完全丧失战斗力，1艘起火燃烧，13艘逃走，而英军舰队没有损失一艘船。

当纳尔逊得知会战已经胜利的消息后，他轻声说道：“我感到满意了。感谢上帝，我总算尽了我的职责。”然后他的心脏停止了跳动。听到纳尔逊的死讯后，拿破仑当即命令在每艘法国军舰上都挂起纳尔逊的画像，以此纪念一代名将，同时也让他成为法国海军学习的榜样。

17.兵败莫斯科

1806年秋天，英国、沙俄、普鲁士等国组成的第四次反法同盟，又一次被拿破仑瓦解，德国的大部分地区都被拿破仑所吞并。1807年6月14日，拿破仑在弗里德兰大败俄军，沙皇被迫求和，与法国签订了和平条约。1809年，普鲁士、奥地利等国组成了第五次反法同盟，这一次俄国没有参加，但俄国沙皇亚历山大一世拒绝继续与法国合作封锁英国，拿破仑为了惩罚俄国，便集结了操有12种语言的50万大军远征俄国。在大军压境的紧急关头，亚历山大一世不得不求救于库图佐夫，将他提升为元帅，出任俄军总司令。

库图佐夫画像

库图佐夫曾是名将苏沃洛夫的部下，在俄土战争中，有一次他举着军旗冲入敌阵，突然一颗子弹飞来，从他的左太阳穴射入，又从右眼里穿出，打瞎了他的一只眼睛，他却奇迹般地活了下来。1805年，俄奥联军在奥斯特利茨战役中被法军击败，身为联军总司令的库图佐夫被沙皇当成替罪羊赶出了军队。如今形势危急，沙皇才不得已把库图佐夫请出来。拿破仑听说库图佐夫又成了自己的对手，意味深长地说："这可是一只北方的老狐狸。"库图佐夫听到后回敬道："我将努力向这位伟大的统帅证明，他说的没有错。"

库图佐夫一上任，躲在深宫里的沙皇就让他全线出击。库图佐夫没有理睬沙皇的指令，他指挥俄军采取撤退不抵抗的战术，一直撤到了莫斯科以西110千米的博罗季诺村。库图佐夫决定在这里碰一碰狂妄的拿破仑，以提高俄军的士气。

1812年9月7日，空前惨烈的博罗季诺大战打响了。当时俄军有12万多人，法军有13万多人，双方势均力敌，但法军的士气更盛，他们高呼着"皇帝万岁"的口号，频频发起集团冲锋。库图佐夫的战术是在防御战中尽力多消耗法军的有生力量，他调动640门火炮连连开火，使得法军伤亡惨重。这场大战从日出拂晓一直杀到夜幕降临，打到最后双方都精疲力竭，法军伤亡4.8万人，其中将军47人，俄军也伤亡了4万多人。此战虽然两败俱伤，但拿破仑"速战速决占领俄国"的梦想被打碎了。

博罗季诺会战后，拿破仑打算与库图佐夫再拼一次，不料想库图佐夫却做出了一个惊人的决定——把莫斯科"送给"拿破仑。他在给沙皇的报告中这样说："现在的问题应该是拯救祖国，而不是使它在莫斯科得到安慰。拿破仑占领莫斯科后，就像海绵吸饱了水，力量丧尽，他将从顶峰走向坟墓。"

拿破仑终于实现了他占领莫斯科的野心，但他很快就发现，这个胜利不值得庆祝。库图佐夫在撤退之前，下令实行"焦土政策"，焚毁了莫斯科所有的店铺和住宅，没有给拿破仑留下一粒粮食，一处完好的水源。法军缺吃少穿，再加上这一年莫斯科的冬天极其寒冷，寒流比往年来得都早，法军将士冻得几乎完全失去了战斗力。仅仅1个月后，拿破仑就再也待不下去了，只得下令从莫斯科撤退。在漫长的撤退途中，这支征服了整个欧洲的远征军，天天都有数千兵马被冻毙在风雪路上。

在法军逃往第聂伯河的一条支流别列津纳河时，急于逃命的法军士兵拼命突击架桥，终于搭起了两座约150米的高架桥。过桥时桥上拥挤不堪，拿破仑下令尽量减少辎重，将马匹全部丢弃，车辆烧毁了一半，连拿破仑自己的藏书也烧掉了。

库图佐夫本来设计好了一个计划，准备在别列津纳河口活捉拿破仑，但由于一支部队追击不及时，让拿破仑侥幸逃脱。当拿破仑退出俄国边界时，50 万大军只剩下 2 万衣着破烂的残兵败将。

18.再败滑铁卢

1814 年，沙皇亚历山大一世率领俄军和欧洲反法联盟的军队浩浩荡荡地挺进巴黎，拿破仑被迫签订了退位诏书，被流放到地中海上的厄尔巴岛软禁起来。1815 年 2 月，法国政治家马雷等人派人乔装水手来到厄尔巴岛上，向拿破仑汇报说国内普遍存在着不满情绪，法国军队都盼着他回去。拿破仑的雄心壮志被激发起来了，他决定立即采取行动。2 月 26 日夜里，拿破仑觅得负责监督的英国代表前往托斯卡纳度假的良机，带上他的手下，分乘 7 艘小帆船，悄无声息地离开了厄尔巴岛。拿破仑率众登陆后，居然未费一枪一弹就征服了整个法国，路易十八闻风逃走，拿破仑在巴黎重新登上了帝位。

3 月 25 日，英、俄、普、奥、荷、比等国结成第七次反法联盟，纠集了 70 万大军，准备进攻巴黎。拿破仑率军突破了普鲁士军队的阵地，又打败了英国军队，一直推进到比利时境内。1815 年 6 月 18 日，以拿破仑为统帅的 7.4 万法国军队，和以英国人威灵顿公爵为统帅的 6.7 万欧洲联军，在比利时首都布鲁塞尔城南的滑铁卢展开了一场惊心动魄的大决战。

上午 11 点半，法军开始进攻，拿破仑命令 84 门大炮连续轰击英军坚守的蒙·圣尚高地，遭到了顽强抵抗。战斗进行到黄昏时分，拿破仑孤注一掷，把最后的 4000 名近卫军都调入进攻的行列，成败在此一举。他把士兵排成 70 人一队，一队接一队地爬上陡坡，拼死向前冲去。当他们来到距离英军防线不到 60 步时，威灵顿公爵突然站起来大声疾呼："全线出击！"英军的后备部队生龙活虎地向法军扑去。

滑铁卢战场纪念碑

拿破仑简直不敢相信自己的眼睛。他的部队已经全部用上了，再也派不出一兵一卒了，只好眼巴巴地看着自己的士兵任人宰割。他无奈地叹了一口气说："一切都完了！"黄昏时分，英国方面的联军赶到了，而拿破仑苦等的援军却迟迟没有露面。威灵顿公爵及时下令转守为攻，法军寡不敌众，全线溃败。

这场决战持续了大约 12 个小时。第二

天清晨,一只皇家信鸽衔着报捷信飞进了伦敦的白金汉宫,欧洲各国的君主们此时此刻总算松了一口气,他们终于知道自己的军队战胜了那位不可一世的法国皇帝拿破仑。

滑铁卢战役后,反法联军兵临巴黎城下。6月22日,拿破仑第二次被迫退位,被流放到大西洋上的圣赫勒拿岛,直到1821年郁郁而终。拿破仑的第二次执政,总共只有100天左右,历史上称为"百日王朝"。

19.美国南北战争

早在美国独立之初,托马斯·杰弗逊等人就强烈主张废除种植园奴隶制,但由于众多的奴隶主在独立战争中立下汗马功劳,包括华盛顿本人就拥有奴隶,再加上当时很多白人对黑人存在偏见,不愿为废奴的事再起干戈,所以奴隶制就在号称建立了"人人平等"基础上的美国存续下来。1854年,北方各州主张废奴和限制奴隶制的资产阶级人士成立了共和党,曾经当过伊利诺伊州议员的亚伯拉罕·林肯成为这个新党的领袖。1858年,他发表了著名的演说《家庭纠纷》,要求限制黑人奴隶的发展,为他赢得了巨大声望。1860年,林肯作为共和党候选人,当选为美国第16任总统。

南方的种植园主当然不愿意看到一个主张废除奴隶制的人当总统,为了夺回国家领导权,他们在林肯就职之前就发动了叛乱。1860年12月,南方的南卡罗来纳州首先宣布脱离联邦而独立,接着密西西比、佛罗里达州也相继脱离联邦。1861年2月,这些州宣布成立"美利坚联邦",推举大种植园主杰弗逊·戴维斯为总统,还制定了"宪法",宣布黑人奴隶制是南方联盟的立国基础:"黑人不能和白人平等,黑人奴隶劳动是自然的、正常的状态。"

1861年4月12日,南方联盟不宣而战,迅速攻占了联邦政府军驻守的萨姆特要塞。北方政府根本没有做过打仗的准备,只能仓促应战,而南方则是蓄谋已久,军队训练有素,装备精良,因此内战一开始,北方军就被南方军打得节节败退,连首都华盛顿

北军总司令格兰特

也险些被叛军攻破。

林肯清楚地知道，只有最大限度地调动农民的积极性，才能打赢这场战争。于是，他在1862年5月签署了《宅地法》，规定每个美国公民只要交纳10美元的登记费，就可以在西部得到约0.65平方千米土地，连续耕种5年之后就能成为这块土地的合法主人。1862年9月，林肯又亲自起草了《解放黑人奴隶宣言》草案，1863年1月1日正式颁布《解放黑奴宣言》，宣布从即日起废除叛乱各州的奴隶制，解放的黑奴可以应召参加联邦军队。这个法令使北军得到了雄厚的兵源，内战期间，直接参战的黑人达到18.6万人，他们作战非常勇敢，平均每三个黑人中就有一人献出了生命。

1863年7月1日到3日，北军和南军在华盛顿以北的葛底斯堡展开了美国内战以来规模最大的一次战斗。开战之初，南军的第一军首先到达葛底斯堡，兵力处于优势。在这个关键时刻，北军将领汉考克集合起逃散的士兵，据守公墓岭进行抵抗。公墓岭的前边是一片将近1.6千米宽的开阔地，南军士兵要想冲到北军的阵地前，就要冒着密集的炮火和雨点般的子弹，结果大批南军士兵成了隐蔽在工事后面的北军的活靶子。经过三天三夜的激战，南军遭到重创，损失了3.6万人，从此北军开始进入反攻。

与此同时，北军又对维克斯堡进行围攻。维克斯堡位于密西西比河上，是一个高出水面约61米的悬崖，据守悬崖的南军居高临下，可以用炮火直接威胁河上来往的船只。如果从下面攻打这个要塞非常困难。北军总司令格兰特将军曾率军几次攻打维克斯堡，但都没成功。1863年4月，格兰特实施了新的进攻计划，先摧毁要塞周围的各个据点，然后包围维克斯堡，海军和陆军协同作战，从陆地和水上同时发起进攻。震耳欲聋的炮声一直响了47天之久，困守要塞的南军弹尽粮绝，被迫投降，北军这一次俘虏了南军2.9万人。

南军总司令罗伯特·李

紧接着，北方军队以秋风扫落叶之势，迅猛追击叛军，1863年4月3日攻占了南方联盟首都里士满，南军总司令罗伯特·李率领残部2.8万人在阿波马托克斯小村向格兰特投降，历时四年的南北战争最终以北方的胜利而告终。

20.林肯遇刺

在南北战争进行期间，林肯的声望越来越高，1864 年 11 月，他第二次当选为美国总统。当选后，他以极大的努力要求参众两院通过宪法第 13 条修正案——宣布蓄奴非法。这项历史性的宪法修正案于当年终于获得通过。

南方的种植园主们恨透了林肯，他们千方百计想报复林肯。有一个名叫约翰·布斯的演员，是一个同情奴隶制度的家伙，他把奴隶制度说成是"上帝赐给一个他所宠爱的国家的最大福利"。内战期间，他曾协助走私商人把硅宁和其他药品运往南方去。1865 年年初，布斯和他的四个同伙策划劫夺林肯作为人质，然后与政府交涉，用林肯来交换北方监狱中的南方同盟的俘虏。由于没有找到下手的机会，这个阴谋流产了。1865 年 3 月林肯第二任期总统就职的那天，布斯就站在离国会山台阶上的总统仅有几步之遥的地方，事后他一直自责自己当时竟然没有带上一把枪。

1865 年 4 月 14 日这天中午，布斯去华盛顿福特剧院取信件，偶尔听见剧院经理说，总统今天要来这里观看晚场节目《我们的美国表兄》，这部戏当时在大西洋两岸很受欢迎。布斯听了心头一阵狂喜，立即召集他的死党分派任务，刺杀林肯的任务由布斯本人承担起来。

4 月 14 日这天是南方军队投降后的第 5 天，渡过重重危机的林肯高度紧张的神经一下子松弛下来，兴致颇高地来到福特剧院看戏。林肯坐在装有软垫的椅子上，他的夫人坐在旁边一个藤木坐垫的椅子上，美国陆军少校亨利·拉夫邦尼和他的未婚妻也坐在一旁。

晚上 10 点钟，布斯悄悄地溜进了总统的包厢。本来这个包厢是有锁的，但锁在几天前就坏了，也没有人报告此事。由于布斯是个演员，所以总统的警卫人员都没有为难他。警察约翰·派克本来应该是守在大厅通往包厢的必经之路上，但是他对看戏毫无兴趣，就躲到另一个房间里喝酒去了。

布斯进入总统包厢后，把枪瞄准了林肯的左耳和背脊之间，一共打了 8 枪，林肯被击中 6 次，其中 5 次击中要害。然而现场的 1675 名观众只有很少人听见了枪声，因为布斯选择在戏剧进入高潮时开枪，演员和观众的笑声把枪声掩盖住了。开完枪后，布斯从包厢里跳到舞台上，又向乔治·华盛顿的画像开了一枪，全场观众都惊呆了，竟然没有一个人追上去。

林肯被刺后,当时并没有死,但是已经奄奄一息,人们把他抬到剧院对面一间稍微宽敞点的屋子里。第二天早晨7时20分,林肯在医院里去世,时年56岁。他是美国历史上第一位遇刺的总统。林肯去世后,他的遗体在14个城市里供群众凭吊了两个多星期,最后被安葬在普林斯菲尔德地区山清水秀的橡树岭公墓。

21.明治维新

日本的主要民族是大和民族。公元3世纪时,在长达一二百年的兼并战争中,大和国脱颖而出,把日本统一成一个强大的国家。从古代开始,日本就有着军人干政的传统,封建武士通过幕府实行政治统治,又名武家政治。所谓幕府,最初指近卫大将的住所,转指武士首脑征夷大将军的府邸,以后又称以将军为首的中央政权为幕府。19世纪中期,日本处于最后一个幕府——德川幕府时代。掌握大权的德川幕府对外闭关锁国,对内实行苛政,不时激起以务农为业的百姓们的反抗。实力逐渐增强的商人们感觉到旧有制度严重制约了他们的发展,于是开始呼吁改革政治体制。

1853年,美国海军准将马休·佩里率领舰队进入江户湾(今东京湾)岸边的浦贺,要求德川幕府开放国门。这些军舰船身上都涂着黑色,所以史称“黑船事件”。美军舰队的四艘军舰总共载有63门大炮,而当时日本在江户湾的海防炮只有20门。美国人威胁说,如果德川幕府不答应他们的要求,就立即开火。德川幕府不敢惹美国人,就借口要得到天皇的批准才能签订条约,约定第二年春天再给予答复。第二年2月13日,马休·佩里如约而至,这次他带来了7艘军舰,舰队一直驶抵横滨附近才抛锚。面对着美国人的强硬姿势,德川幕府只好接受开放国门的要求,双方在横滨签订了《日美亲善条约》,这是日本与西方列强签订的第一个不平等条约。继美国之后,其他西方列强纷纷向日本提出通商的要求,英国、俄国、荷兰都与日本签订了亲善条约。

德川庆喜

在德川幕府统治的200多年间,从来不准天皇参与政治,这次他们想以天皇的名义与外国人缔结条约,便做出开明的姿态,破例邀请社会各界人士对开放国门提出意见。天皇及其朝臣还有各种力量趁机举起救国的旗帜,结盟举兵,试图推翻德川幕府的统治。

西乡隆盛画像

1867年孝明天皇去世,太子睦仁亲王(即明治天皇)即位。幕府将军德川庆喜一边奏请“奉还大政”,一边却在大阪集结精兵,企图反叛。1868年1月3日,天皇发布《王政复古大号令》,废除幕府,令德川庆喜“辞官纳地”。德川庆喜不甘心丢掉自己的领地和权力,就在1月6日夜里率领会津、桑名两藩藩兵,先是退到大阪,接着又在1月26日指挥幕府军和藩兵1.5万人,兵分两路,向京都进发。接获德川庆喜挥军北上的消息后,京都新政府立即派遣2000名萨摩藩兵防守鸟羽,1800名长州藩兵和300名土佐藩兵防守伏见,由西乡隆盛统一指挥。

西乡隆盛出生在一个地位非常低下的武士家庭里,他从小因为受伤不能习武,便拿出大量时间博览群书,习学经史,从此树立起远大的志向。1854年,德川庆喜和德川家茂争夺幕府将军的位置,28岁的西乡隆盛加入拥护庆喜派。1854年,大批拥护德川庆喜的人被德川家茂投进监狱,西乡隆盛与僧人月照一起逃亡,因为无路可逃被迫跳进锦江湾,月照淹死了,西乡隆盛却大难不死,被处以流刑。德川幕府奏请“奉还大政”时,新政府最初还打算委任幕府管理国家,就在这个关键时刻,西乡隆盛挺身而出,他调集来萨摩藩兵,以应付不测。对于那些反对让德川庆喜辞官退还领地的藩主,西乡隆盛大义凛然地说:“必要时只要短刀一把就足够了!”

1月27日黄昏,幕府军抵达鸟羽、伏见。当时新政府军方面只有5000人,但得到了广大群众的拥护,士气旺盛,而且使用的是新式步枪,很快就击退了幕府军。两天后,幕府军打算卷土重来,不料淀城的藩兵见风转舵,拒绝让幕府军进城,幕府军只好向南开进,打算与据守在淀川西岸的会津藩兵会合,可是会津藩兵也背叛了幕府,竟然向幕府军开炮。新政府军趁机主动出击,幕府军被迫撤退。新政府军乘胜追击,夺取了淀城,紧逼八幡。德川庆喜带着士气低落的幕府军回到大阪,他知道大阪城很难守住,便偷偷乘坐军舰逃回江户。于是,整个关西地区都落入新政府手中。

明治天皇

1868年4月6日,天皇发布了《五条誓文》,6月11日公布《政体书》。9月3日,天皇下诏将江户改称东京,10月23日改年号为明治,并颁布了一系列改革措施,史称“明治维新”。明治维新后,日本渐渐富强起来,逐步废除了与西方列强签订的不平等条约,摆脱了沦为殖民地的危机,而后成为称雄一时的亚洲强国。

22.埃姆斯急电

1848年2月，巴黎爆发革命，革命临时政府于25日宣告法兰西第二共和国成立。这一年的年底，法兰西第一帝国皇帝拿破仑一世的亲侄子路易·拿破仑·波拿巴，利用法国人对拿破仑的好感，当选为共和国总统。第二年他发动政变成功，随后被元老院尊为拿破仑三世。拿破仑三世上台后，不想再犯拿破仑一世及法兰西第一帝国的错误，尽量不去惹恼英国人。与法国相邻的普鲁士日益强大起来。1866年，普鲁士打败了奥地利，1867年成立了以普鲁士为首的德意志联邦。拿破仑三世害怕法国受到威胁，就极力阻止德意志的统一。

1870年春天，西班牙女王去世，她没有子嗣继承王位，西班牙政府便打算迎请普鲁士国王的堂兄利奥波德亲王来当国王。普王威廉一世担心此举会触怒法国便表示反对，普鲁士宰相俾斯麦认为这是个千载难逢的好机会，就说服威廉一世改变了态度。

1862年9月23日，威廉一世召回驻法大使俾斯麦，任命他为宰相兼外交大臣。俾斯麦成为宰相后，第一次在下院演讲中就坚定地说道："当代的重大问题不是通过演说和多数派决议所能解决的，而是要用铁和血来解决！"从此，俾斯麦得到一个"铁血宰相"的绰号。威廉一世觉得俾斯麦的想法过于激进，就对他说："我很清楚这样做的结局，他们会在歌剧广场我的窗前砍下你的头，过些时候再砍下朕的头。"俾斯麦则回应道："既然迟早要死，为何不死得体面一些？无论是死在绞架上还是死在战场上，这之间是没有区别的。必须抗争到底！"从此，威廉一世对他这位宰相言听计从。

就在奥波德亲王当西班牙国王这件事情还没有落实时，就被西班牙报纸披露了出来，法国政府认为这是俾斯麦有意要将法国置于腹背受敌的险境，因而激烈反对，甚至威胁不惜与普鲁士开战，莱茵河两岸顿时战云密布。威廉一世胆怯了，公开表示不赞成自己的堂兄继承西班牙王位。

俾斯麦对此十分失望，但很快拿破仑三世就把机会送上门来。7月13日，法国驻普鲁士大使贝内德狄带着法国政府的指令，来到普鲁士西北部城市埃姆斯，求见在这里休养的普鲁士国王，向他转达拿破仑三世的强烈要求：普鲁士国王必须保证永远放弃对西班牙王位的继承权。这还不算，法国大使又要求威廉一世做出书面保证。法国人的无礼态度让威廉一世感到既惊愕又愤怒，当天下午他就从埃姆斯向柏林发出一份急电，通报了他与法国大使会谈的经过和内容。这时，俾斯麦正在举行家宴，读过电

德皇威廉一世画像

文后，不禁喜形于色，当即询问在场的普鲁士参谋总长毛奇，对法战争有没有全胜的把握，毛奇做了肯定的答复。于是，俾斯麦拿起笔来，划掉了威廉一世电报中“还可在柏林从长计议”这句话，又在结尾部分加上了这样的话：“国王陛下以后拒绝接见法国驻普鲁士大使。”然后，俾斯麦命令值日副官转告法国大使，双方再也没有什么好谈的了。接着，俾斯麦又把这份电报拿到报纸上发表，并通告驻国外所有普鲁士使团。

埃姆斯急电的内容很快就传到巴黎，舆论一片哗然，有人甚至冲上街头，高喊“打到柏林去”的口号。俾斯麦闻讯后得意扬扬地说：“好极了，高卢牛好像见到一条红巾一样被激怒了！”

被埃姆斯急电激怒的法国人也包括拿破仑三世在内，1780 年 7 月 19 日，法国向普鲁士宣战，普法战争由此爆发。

23.色当决战

法国向德国宣战后，迅速编成莱茵军团，组成了一支 22 万人的大军，集结在法德边境，由拿破仑三世亲任总司令，勒布夫为总参谋长。拿破仑三世对胜利充满了信心，竟吹嘘说这只是一次“到柏林的军事散步”。但是他很快就发现，如今的普鲁士军队已经不是当年拿破仑在世时那样好欺负了，而法国军队也不像在拿破仑统率下那样英勇无畏了。普军集结了三个军团，约 47 万人，由威廉一世任总司令，毛奇为总参谋长，拦住了法军的去路。8 月 2 日，法军开始进攻普军，到了 8 月 4 日，法军就被普军击溃，到了 8 月中旬，法军已被普军一分为二，一部分被包围在麦茨要塞，另一部分被包围在法国东北边境重镇色当。

拿破仑三世画像

9 月 1 日早晨，色当会战打响了。晨雾刚刚消失，普军的 700 门大炮就开始猛轰法军阵地，炮弹像雨点一般落到法军的碉堡、工事上，色当全城顿时变成一片火海，硝烟弥漫，法军死伤无数，侥幸活命的急忙钻进堡垒。普军乘势发起总攻，抢占制高点，夺取法军的阵地，麦克马洪元帅受伤，法军指挥部一片大乱。下午 3

时，法军终于支撑不住了，在色当城楼上竖起了白旗。拿破仑三世还给普鲁士国王写了一封投降书：“我亲爱的兄弟，因为我未能死在我的军中，所以我只得把自己的佩剑献给陛下。我希望继续做陛下的好兄弟。”

9 月 2 日，拿破仑三世会见德国首相俾斯麦，正式签署了投降书。拿破仑三世、法军元帅以下的 39 名将军、12.4 万名士兵，全部成了普军的俘虏，650 门大炮也成了普军的战利品。

色当会战惨败后，法国政府试图严密封锁这个消息，但到底还是让法国人知道了真相，愤怒的火焰立刻在全国范围内燃烧起来。9 月 4 日，在巴黎爆发革命，推翻了帝制，组成了以特罗胥将军为首的国防政府。

这时候，普军的两个兵团仍在向巴黎推进，法国人民奋起抗敌，在各地广泛开展游击战，袭击普军的后勤供应线。而法国政府一面策划投降谈判，一面被迫组建北方军团和卢瓦尔军团，继续在法国北部、东部和南部抗击普军，意大利民族英雄加里波第将军也率领志愿部队前来支援法国抗战。正当普军主力被牵制在各要塞之际，斯特拉斯堡的法国守军投降，巴赞元帅也率法军主力在梅斯投降了，普军兵临巴黎城下，开始对巴黎进行连续炮击，驻守在巴黎的法军突围不成，只能困守。

普法战争法军阵亡士兵纪念碑

1871 年 1 月 18 日，普王威廉一世来到法国凡尔赛宫位于中央部分的镜厅，在这里加冕为皇帝，德意志帝国宣告成立。

24.无产阶级专政的第一次尝试

1871 年初春，巴黎被普鲁士军队团团包围起来，而法国的正规军被临时政府解除了武装，在祖国面临空前危机的时候，巴黎的工人和劳动群众挺身而出，成立起国民自卫军，誓死保卫自己的家园。他们没有武器，就募捐购买，还自己动手铸造了 400 门大炮。由于国民自卫军的坚守，普军无法开进城来，临时政府首脑梯也尔为了讨好普军，竟下令国民自卫军交出武器，禁止从事抵抗活动。工人们根本不理睬这个命令，梯也尔就在 3 月 17 日深夜秘密召开军事会议，决定用武力解除国民自卫军的武装。

3月18日凌晨3时,一支临时政府的军队悄悄地摸上了巴黎北部国民自卫军停放大炮的蒙马特尔高地,几名守卫大炮的自卫军战士来不及鸣枪报警,就被政府军用刺刀杀死了。当政府军的士兵们准备拖走大炮时,被附近的居民发现了,他们立即叫喊起来,又和闻讯赶来的群众把那支政府军围了起来。几名妇女抓住政府军骑兵的马缰绳,指着士兵的鼻子责问道:"你们交给普鲁士人那么多大炮还不够,还要把我们的大炮送给他们,不害羞吗?"士兵们被说得面红耳赤,纷纷低下了头。长官四次下令他们开枪,士兵们却把枪口朝下,站到了人民群众的行列里。

当天下午,国民自卫军中央委员会决定发动起义,立即占领陆军部、市政厅和其他政府机关,同时发表了起义宣言:"巴黎的无产阶级已经亲眼看到了政府的叛卖行为,由我们来领导和管理这个国家以挽救时局的时刻已经到来!"接到起义的命令后,国民自卫军开始向巴黎市中心挺进。梯也尔见大事不好,狼狈地逃往巴黎西郊的凡尔赛宫。当天晚上9时,各路国民自卫军攻入旺多姆广场,向市政厅发起了最后的冲击。在隆隆的炮声中,国民自卫军如潮水般地冲进市政厅,两名战士矫健地爬上屋顶,把一面鲜艳的红旗插上了市政厅大厦的楼顶。广场上的人们立刻欢呼起来。3月28日,巴黎人民进行普选,建立起巴黎公社领导机构,这是有史以来无产阶级第一次建立起自己的政权。当天有20万人聚集在巴黎市政厅前宽敞的广场上,欢呼巴黎公社正式成立。

梯也尔跑到凡尔赛后,手下只有一万多残兵败将,他请求俾斯麦释放10万多名战俘以补充法国军队,然后向巴黎反扑过来。而巴黎公社的领导人却麻痹大意,没有把梯也尔放在眼里。直到4月2日清晨,凡尔赛军炮轰巴黎,占领了巴黎城西的讷伊桥,公社的领导人才意识到梯也尔是个劲敌,当即决定进攻凡尔赛。

梯也尔

4月3日清晨,巴黎公社匆忙调集了4万人,兵分三路向凡尔赛进军。公社的军事领导人盲目乐观,以为大军一到,凡尔赛军就会土崩瓦解,因而没有着意加强出击部队的统一领导,结果各个部队各行其是,导致了失败。巴黎公社的军队败回巴黎后,凡尔赛军随后就赶到了,依仗着炮火的优势攻占了讷伊桥和附近的据点。从5月17日起,凡尔赛军集中重炮猛轰巴黎,并集中了13万人发起总攻。

在饱经炮火的摧残后，巴黎终于在5月21日下午陷落。凡尔赛军进入巴黎城，一场震撼世界的流血大巷战开始了。巴黎的人民群众在街道和广场上筑起街垒，不论男女老少，人人都拿起武器同敌人进行殊死的战斗。在塞纳河左岸，公社战士与敌人进行白刃战，直到大批敌人包围上来，才主动撤过塞纳河。在市中心，妇女、儿童与公社战士们并肩作战，抗击敌人的轮番进攻。5月27日，200名公社战士退守到市区东部的拉雪兹神父别墅（后来改为拉雪兹神父公墓），5000多名政府军围了上来。战至傍晚，大部分公社战士都壮烈牺牲了，剩下的被俘的战士被拉到一堵墙前遭到枪杀。直到今天，这堵"公社社员墙"上还留有当年的弹孔。5月28日16时，公社战士坚守的最后一个街垒被攻克，巴黎人民的武装起义在坚持了72天后，最终被凡尔赛军血腥地镇压下去了。据统计，有7.29万公社社员在战斗中牺牲，2.98万人遭到枪杀，6万多人被逮捕或监禁。

巴黎公社失败后，梯也尔政府与德国签订了《法兰克福和约》，法国把阿尔萨斯和洛林大部分地区割让给德国，还交出了50亿法郎的战争赔款。

25.战列舰爆炸引起的战争

"缅因号"战列舰

南北战争后，美国的经济实力日益强大，这个后起的帝国迫切需要新的土地和新的市场，它第一眼瞄准的就是西班牙的殖民地。此时的西班牙已是日薄西山，昔日的庞大帝国只剩下古巴、波多黎各和亚洲的菲律宾群岛。菲律宾和古巴先后爆发了反对西班牙殖民统治的武装起义，西班牙军队对古巴起义者进行了残酷镇压。1898年1月，美军战列舰"缅因号"驶进古巴首都哈瓦那港，名义就是保护美国侨民的安全。

"缅因号"在哈瓦那港平安无事地待了20多天，突然在1月15日晚上7时左右发生爆炸，只见夜空中火光冲天而起，浓烟滚滚，这艘装备有24门大炮的军舰被烧坏，260名美军官兵当即被炸死，100多人受伤。

"缅因号"爆炸后，美国报纸很快就登出消息，说"缅因号"是被西班牙人用水雷炸沉的，于是，"记住'缅因号'，报仇""与西班牙人决战"的字句，在美国报纸和新闻舆论中频繁出现，美国人的反西情绪很快达到高潮，几十名国会议员要求总统麦金莱立即对西班牙宣战。西班牙政府马上发表声明，宣称本国政府与"缅因号"爆炸毫无关系。

乔治·杜威海军上将

为了查清"缅因号"的爆炸原因,美西两国决定成立调查团。但是美方不让西班牙调查人员登上"缅因号"。接着,美国海军调查委员会单方面宣布,"缅因号"是因为触发水雷而爆炸的,并派船将炸得面目全非的"缅因号"从哈瓦那港拖走,沉到大西洋海底。

"缅因号"爆炸后,美国人蛮横地要求西班牙必须从古巴撤离,遭到了西班牙政府的拒绝。4 月 25 日,美国正式向西班牙宣战。

"缅因号"爆炸的地点在墨西哥湾,而美军首先攻击的地点却是太平洋上的菲律宾。美国向西班牙宣战前,美国海军太平洋分舰队司令乔治·杜威上将就接到了美国政府的密令,一旦战争打响,立即对驻守在马尼拉湾的西班牙舰队进行突然袭击。1898 年 5 月 1 日清晨,杜威上将率领的 6 艘巡洋舰在旗舰"奥林匹亚号"的指挥下,神不知鬼不觉地潜入马尼拉湾。第二天天一放亮,西班牙人还在睡梦之中,杜威上将已经下达了袭击的命令:"开炮!"顿时,平静的港湾里炮声大作,火光冲天。

驻菲律宾的西班牙舰队司令被炮声惊醒了,急忙下令还击。起初,他依仗着舰船数量多于对方,以为一通炮击就能把美国人打回老家去。可是交战不久,他就发现事情不像他想象的那么简单。西班牙军舰都是年代久远的老舰,装备陈旧,打起仗来不是船舱漏水,就是锅炉熄火,所有的炮一齐还击,只能发射 450 多千克炮弹。而有备而来的美军战舰全是以蒸汽作动力,速度快,火力猛,所有的炮一起开火,很快就将 1360 多千克炮弹砸向敌舰。在美国海军占优势的炮火攻击下,西班牙驻菲律宾海军很快就败下阵来,被击中的西班牙舰船上烈火熊熊,变成了人间地狱,西班牙士兵只得跳海逃命。还没到中午,美国海军就大获全胜。

杜威消灭了西班牙舰队后,因为没有陆军,便从海上封锁了马尼拉湾,等待国内陆军的到来。7 月底,美国远征军第八军 1.5 万人赶到马尼拉,西班牙人稍做抵抗便缴械投降,美军又以武力逼迫包围马尼拉的菲律宾起义军撤到郊区,独占了马尼拉,从而结束了西班牙对菲律宾的殖民统治。

圣地亚哥港

美军在菲律宾的战事进行得很顺利,而在主战场古巴却大费周折。西班牙舰队驻在古巴岛东南部的圣地亚哥,那里地势险要,要塞上炮台林立,海湾外水雷密布。美国舰队不敢贸然发起进攻,只得从外边把港口围住。就这样围了一个多月后,一天夜里,一艘担任巡逻任务的美军战列舰好奇地驶进圣地亚哥港,想看看西班牙人在干什么,结果意外地发现,西班牙舰队正在升火准备突围。负责指挥封锁圣地亚哥港的美军桑普森少将接到报告后当机立断,把5艘战列舰组成一个编队,时刻准备追击逃逸的西班牙舰队。6月22日,美军第五军的17000名士兵在海军炮火的支持下,在圣地亚哥东面登陆,切断了西班牙人的后路。

7月3日,进退两难的西班牙舰队只得铤而走险,向港外突围。西班牙人的战舰刚刚驶离圣地亚哥港,就遭到了美国舰队的迎头痛击,西班牙舰队被迫退回港中。这时,美国陆军已经攻到港外,他们架起野战炮轰击龟缩在港中的西班牙战舰。只花了4个小时的时间,西班牙舰队就全军覆灭。

7月16日,被美军和古巴人民武装包围的西班牙军队宣布投降。美军故伎重演,又一次用武力阻止古巴独立武装队伍进入圣地亚哥城,由美军单独接受西班牙军队的缴械投降。至此,西班牙人无力再战,美西战争宣告结束。

1898年12月18日,美西两国在巴黎签订和约,西班牙被迫放弃古巴、波多黎各、关岛和西印度群岛,菲律宾群岛也交给了美国,美国人则支付2000万美元“补偿”给西班牙。

美西战争是人类历史上第一次帝国主义国家之间的战争,其结果是美国将加勒比海变成了自己控制的内海,开始逐步施行它称霸世界的战略意图。

26.同盟国和协约国

协约国士兵

普法战争结束后,普鲁士人占了很大便宜,俾斯麦担心法国人报复,便想采取结盟政策,编织起一张大网,网住一心想要复仇的法国。俾斯麦最初想搞一个包括奥地利和沙皇俄国在内的三皇同盟,不过很快他就发现德国和俄国的利益难以调和,于是奥地利就成了德国结盟的首选。1879年,这两个国家缔结了秘密联盟。1881年,意大利与法国为了争夺北非的突尼斯而发生冲突,意大利遭到失败,很没有面子,俾斯麦顺势把意大利人揽到怀里。于是,德国、奥地利、意大利这三个国

威廉二世

家结成了三国同盟，称为同盟国。法国人知道同盟国是冲自己来的，他们也想结盟，但俄国和英国这两个强国历来与法国人不友好，法国人只有苦苦等待时机。

俄国沙皇得知德奥两国结成同盟后，十分愤怒。俾斯麦不愧是一个老练的政治家，他主持与俄国签订了《再保险条约》，维持住了两国传统的友谊。

俾斯麦去职后，俾斯麦时代也随之结束，当政的威廉二世当时年仅 29 岁，也许他想在国际事务中露一手，就终止了德俄《再保险条约》。俄国人大失所望，开始怀疑这个英国公主的儿子是不是要改变德国的外交航向。法国人趁机向俄国人摇晃起橄榄枝，这时的沙皇在欧洲空前孤立，除了法国之外，也找不到更好的选择，于是在 1891 年两国签订了法俄同盟协约。两年后，法俄之间的关系越来越近乎，政治同盟发展成了军事同盟。

与此同时，英国人也不得不面对现实，放弃了他们坚持已久的“光荣孤立”政策。这时的英国远没有半个世纪前的那种雄踞天下的气度和实力了，日益陷入孤家寡人的境地，他们有意与德国人交好，可是威廉二世却没有抓住这个机会，让法国人捷足先登。法英两国经常在殖民地问题上发生纠纷，1904 年，英国和法国在非洲的军队险些打起来，这一次法国人表现得极为大度，于是两个原来的死对头签订了《挚诚协议》。随后，法国人又从中做工作，说和英、俄两国结束他们之间的殖民地纠纷，签订了《英俄谅解协议》。1907 年，法国、英国和俄国组成“三国协约”，称为协约国。

从此，欧洲分成两大阵营，只要有两个国家发生冲突，就会把它们背后的所有国家都牵涉进来。1905 年和 1906 年，在北非爆发了两次摩洛哥危机，德国人杀机毕露，想对法国人下手，法国不为所惧，英国人则表示不惜与德国一战。这种同仇敌忾在以前是不可想象的。1908 年，土耳其爆发革命，奥匈帝国乘机吞并了巴尔干半岛上的波斯尼亚和黑塞哥维纳，引起了塞尔维亚和塞尔维亚身后的俄国的强烈不满，沙皇政府声称准备开战。奥匈帝国的部分军队立即进入紧急状态，而德国立即向俄国递交了一份态度极其强硬的声明，表示坚决支持奥匈帝国。如果不是俄国及时退缩了，世界大战恐怕早就打起来了。

斐迪南大公

27.第一次世界大战的导火索

奥匈帝国吞并了波斯尼亚后，又把矛头对准了塞尔维亚。1914年6月28日，奥匈帝国的王储斐迪南大公偕同夫人来到波斯尼亚首府萨拉热窝，名义上是来进行访问，实际上是亲自指挥一次针对塞尔维亚的军事演习。

听说斐迪南大公要去萨拉热窝，塞尔维亚中学的三名学生布林诺维奇、格拉贝茨、普林齐普聚集在一家咖啡馆里，商量如何动手除掉这个大公，为遭受奥匈帝国欺凌的人民报仇。他们越说越兴奋，不料被情报部门的便衣偷听到了，立即向上司报告，将这三名中学生全都抓了起来。

负责审问这起案子的是一名上校军官，他把布林诺维奇等三人推进一间幽暗的房间里，没有拷打他们，却带着他们举手宣誓，发誓忠于塞尔维亚的民族主义事业，并愿意为此而献身。原来，这位上校是塞尔维亚一个秘密组织的成员。他鼓励了布林诺维奇他们三个人一番，给他们每人发了一支手枪和一颗炸弹，还有一些毒药，一旦被捕就要服毒自尽。然后上校把他们送到萨拉热窝，让他们每天都接受行刺训练，等待斐迪南大公的到来。

6月28日上午10时左右，斐迪南夫妇乘坐敞篷汽车傲然自得地进入萨拉热窝城。当车队经过市中心米利亚茨卡河上的楚穆尔亚桥，驶进阿佩尔码头时，混在欢迎人群中的第一个暗杀者没有动手，因为一个警察走过来站在他面前。布林诺维奇站在相距不远的地方，他突然从人群中冲出来，向斐迪南夫妇乘坐的汽车扔出一枚炸弹，但被车篷弹到地上，在第三辆车前爆炸了，炸伤了一名随从。斐迪南大公故作镇静地走下车，察看了现场，然后登车离去。车队迅速驶进市政厅，斐迪南夫妇参加完在这里举行的欢迎仪式，略作休息，便驱车前往医院看望受伤的随从。

也许是命中注定，途中转弯时司机转错了方向，正好撞上了在街口拐角处守候的普林齐普。当时仅有19岁的普林齐普立刻拔出手枪，

刚要举枪射击，却被不远处的一个警察发现了，一个箭步冲上来要抓住他的手臂。就在这时，另一名刺客赶到了，他朝那个警察颈部猛击一拳，警察冷不防打了一个趔趄。就在这一瞬间，普林齐普的枪响了，击中了斐迪南大公的颈部和大公夫人的胸部，大公夫妇应声而倒，血流不止，相继一命呜呼。那名刺客飞快地逃离了现场，普林齐普当场被捕，他不顾一切地吞下毒药，可是毒药不管用，到底被抓进了监狱。普林齐普等人都被判处了20年徒刑，但几年后就在狱中被折磨死了。

斐迪南夫妇的被刺身亡，使本来就充满火药味的巴尔干"火药桶"一下子爆炸了。德皇威廉二世疯狂地叫嚣："这是千载难逢的机会！"奥匈帝国则悍然发动了对塞尔维亚的战争。俄国政府认为它有义务拯救塞尔维亚，就决定对奥宣战，德国一见俄国对奥宣战了，急忙对俄宣战。紧接着，法、英对德宣战，欧洲各帝国主义大国在几天之内都卷入了战争，第一次世界大战就此全面爆发。

28."凡尔登绞肉机"

在第一次世界大战中，有33个国家参战，卷入人口多达15亿，死伤约3000万人。而在这次大战中，最惨烈的一次战役当属凡尔登之战，当时凡尔登小镇只有1.4万人口，德军为了占领凡尔登，竟然伤亡了30多万精锐部队，军力开始走向衰落。法军为了守住凡尔登，也付出了伤亡36万人的代价。由于凡尔登战役空前血腥和残酷，后人称之为"凡尔登绞肉机"。

霞飞元帅

1915年年底，第一次世界大战进入了第二个年头，两线作战的德国既要在东线对付俄国人，还要在西线对付英法两国发动的局部进攻，实在是疲惫不堪。于是，德军总参谋长法尔根汉向德皇威廉二世递交了一份备忘录，建议集中力量进攻法国。法尔根汉仔细研究了西部战线的形势，制订了一个"处决地"计划，那就是集中兵力攻击凡尔登。凡尔登自古以来就是法国著名的军事重镇，是法国的西北大门，它一旦失守，巴黎就无险可守了。如果德军向凡尔登发起进攻，一定会把法军主力吸引到这里来，那时候就可以聚而歼之。

法军统帅霞飞将军接到侦察报告说德国人要来攻打凡尔登，说什么也不肯相信。凡尔登的工事异常坚固，由四道防御工事组成，特别是最后一道防线，是由永久工事和两个堡垒地带构成的，更何况法军还在这里驻守了4个师19万多人，足以保证凡尔登固若金汤。霞飞将军摇晃着脑袋说："这真是天大的笑话！我认为德国人玩的是声东击西的把戏，他们的进攻对象不会是

凡尔登，我们死守凡尔登是愚蠢之举。”他不仅这样说说而已，还拒绝服从上级关于加强凡尔登防御的命令，甚至打算拆除要塞的防御设施。

直到1916年2月，霞飞将军才知道自己大错特错了。德国第五集团军司令皇太子威廉亲自率领装备最好的27万部队，拉着1000多门大炮，开到凡尔登要塞前。在进攻前沿，德军还配备了542具掷雷器，它们可以发射装有40多千克高爆炸药和金属碎片的榴霰弹，杀伤力极强。与它媲美的是130毫米的小口径高速炮，它能以步枪子弹的速度发射榴霰弹。

2月21日清晨7时15分，德军的大炮在15千米的攻击正面开始怒吼，以每小时10万发炮弹的密度把100多万发炮弹和燃烧弹倾泻到凡尔登要塞。炮弹的爆炸声仿佛惊雷滚过大地，只有重磅炮弹惊天动地的巨响才能够区分出来。这样的轰击一直持续到下午4时，法军的前沿阵地被炸平、炸光，炸成了死亡地带，就连山头也被削去了一层。

黄昏时，德军的地面进攻开始了，密密麻麻的德军士兵像蚂蚁一样涌向凡尔登，他们很快就突破了法军的第一道防线，3000名法军成了俘虏。法军士兵打得非常英勇，他们用步枪、机枪拼命地射击，一些勇敢的战士甚至站直了身子向德军扫射。德军一批接着一批地倒下去，但更多的德军不顾死活地冲了上来。第二天，凡尔登的第二道防线又被突破，上万名法军成了俘虏。到了第四天，法军的阵地已经被切成几段，通往后方的交通线也被切断了。

霞飞将军急忙派总参谋长卡斯得诺亲赴凡尔登传达命令：“在目前的情况下，下令退却的任何指挥官将受到军事法庭的审判。”法军前线指挥官埃尔还派出了督战队，将临阵脱逃的士兵就地正法，这才稳定住阵脚。剩下的法军牢牢地扎根在主阵地上，死战不退，固守待援。

2月25日，霞飞任命第二集团军司令官贝当将军担任凡尔登要塞总指挥，并急调预备队开赴前线。贝当接到命令后,火速赶到凡尔登,望着眼前的情形,他马上意识到,要想保住凡尔登,补给是关键。于是,他一面命人抢修公路,一面组织起一支3000人的运输队,调集了3900辆汽车,在一周之内就把19万军队和2.5万吨军用物资运到了凡尔登,平均每昼夜有6000辆汽车到达前方,公路上不到一分钟就有一辆汽车通过。得到了增援的法军士气大振,顶住了德军的猛攻。

随后,贝当将军大笔一挥,在作战地图上画了一条线,这就是法军的最后防线,所有法军官兵谁也不准退到这条线的后边。

这场血战打到4月份,双方的兵力已经相差不多,战斗变成了拉锯战、消耗战,凡尔登就像一台巨大的"绞肉机",把双方不断投入的军队变成了一堆堆血肉模糊的尸体,空气中到处弥漫着刺鼻的硝烟味和尸体散发的恶臭。

从2月打到6月,德军一次次强攻都没有成功,德皇发火了,他给部队发出一道命令,务必在6月15日之前攻占凡尔登。孤注一掷的德军发动了全力猛攻,还发射了11万发毒气弹。这是一种新型的毒气弹,从每颗炮弹中散发出的毒气汇合成巨大的毒气云团,贴着地面在法军阵地中滚动、蔓延,大量法军士兵中毒死亡,尸体横七竖八地铺满了前沿阵地。直到下午6时,可怕的毒气团才随风飘散。

德军乘机占领了一部分法军阵地,却无力继续大举进攻。7月初,战局出现转机,英军在索姆河发起进攻,东线的俄军也在西线发起大举进攻。德军四面受敌,兵力捉襟见肘,德军统帅部终于在9月3日下达命令,停止进攻凡尔登。凡尔登战役以德军的失败而告终,恼羞成怒的德皇撤掉了法尔根汉的职务,任命兴登堡接任德军总参谋长。

在凡尔登战役中,还发生了一个意外事件。在战争后期,法军的炮弹不够用了,如果让熟练的炮兵操作,两个小时就能把炮弹打光。为了不让敌人知道己方的实际情况,有人就建议干脆让不会打炮的士兵开炮。一个蹩脚的炮兵把炮弹打斜了120度,偏偏炮弹落到了只有一个通气孔的德军秘密军火库上。只听一阵阵震耳欲聋的巨响,那个军火库便飞上了天。

凡尔登战役纪念馆

华盛顿白宫

宽泛地说，从 1917 年十月革命至今都属于世界现代史的范畴，它是世界近代史的延续和发展，原有的矛盾仍然存在，新的矛盾不断产生。具体来说，从 1917 年到 1945 年第二次世界大战结束，这是世界现代史的第一阶段，也是战争与革命的阶段。此后，革命与战争逐渐转向争取和平与发展，人类历史进入了一个新的阶段。在世界现代史的第一个阶段中，两次世界大战是最重大的事件。第一次世界大战造成了帝国主义国家之间新的不平衡，英、法等国的实力受到削弱，美、日的势力大大增长，美国掌握了世界经济霸权。第二次世界大战爆发后，法西斯国家结成了轴心国集团，而反法西斯国家则暂时放弃了意识形态上的对抗，结成同盟关系，建立起广泛的反法西斯同盟，共同抗击法西斯。二战中，反法西斯同盟国之间的关系不断得到协调，从而为反法西斯战争的胜利提供了保障，也为二战后更加错综复杂的关系埋下了伏笔。

史海漫游第四站

摇头晃脑读现代

沙皇尼古拉二世

1.俄国二月革命

第一次世界大战爆发后，仅仅两年时间，俄国的力量就消耗殆尽，城市发生饥荒，本来就很落后的经济遭到了极大的破坏，濒临崩溃的边缘。此外，沙皇的血腥统治也加深了广大人民的强烈不满，推翻沙皇的革命一触即发。

沙皇尼古拉二世胸襟狭窄，顽固不化，又极端残忍，双手沾满了国内外人民的鲜血，人送绰号“血腥的尼古拉”。1905年1月9日，工人群众在彼得堡请愿，他竟然下令开枪，当场被子弹打死、马刀砍死和军马踩死的有1000多人，受伤者多达2000人以上，其中包括许多妇女和儿童。这就是世界史上著名的“流血的星期日”。1907年6月3日，尼古拉二世又下令解散国家杜马，逮捕社会民主工党的杜马集团，使全国陷入反动的恐怖统治之中。

1917年1月，俄国各地爆发了大规模的罢工示威，纪念1905年的“流血星期日”。首都彼得堡的工人响应布尔什维克的号召，举行罢工和示威游行，高呼“打倒战争”“共和国万岁”的口号。3月8日(俄历2月23日)国际妇女节这天，彼得堡50家工厂约13万名男女工人举行罢工和游行。第二天，参加罢工示威的群众增加到20万人。他们高举着红旗涌向市中心，有些工人还解除了警察和宪兵的武装。

猛烈的革命风暴吓坏了沙皇尼古拉二世，他下令不惜采取任何措施，迅速恢复首都的秩序。布尔什维克彼得堡委员会的领导人和100多名革命积极分子被逮捕，人民群众更加愤怒，他们纷纷上街游行，抗议政府的暴行，但遭到了更野蛮的镇压。

3月12日(俄历2月27日)，布尔什维克党中央发出《告俄国全体公民宣言》，号召人民行动起来，推翻沙皇政府。工人们立即响应，攻占军火库，夺取枪支弹药，筑起街垒，与反动军警展开战斗。工人们还积极开展争取军队的工作，结果有数万名士兵公开站到革命队伍的一边，他们同起义工人一起，占领了火车站和发电厂，攻进了沙皇的巢穴冬宫和政府各部，逮捕了沙皇的大臣和将军。尼古拉二世不甘心自己的失败，立即从前线调回军队，企图夺回对首都的控制权，但沙皇军队在革命的影响下也发生了兵变，拒绝执行沙皇政府的命令。与此同时，全国各地的人民群众和士兵纷纷起来摧毁当地的沙皇政权，建立苏维埃。尼古拉二世见大势已去，被迫于3月15日引退，让位给弟弟米哈依尔。第二天，米哈依尔也宣布退位。这样，统治俄国达304年的罗曼诺夫王朝被二月革命冲垮了。

临时政府首脑克伦斯基检阅军队

二月革命胜利后，俄国出现了历史上罕见的两个政权并存的局面，一个是资产阶级临时政府，它是政府权力机关；另一个是工农兵代表苏维埃，它是武装起义的领导机关。“苏维埃”一词是俄文的汉语音译，意即“代表会议”或“会议”，它是俄国劳动人民在反对沙皇专制统治的革命斗争过程中创造出来的政权组织形式。俄国还有一个领导革命的政党，它就是由列宁创建的布尔什维克，意思是“多数派”。听到沙皇垮台的消息后，列宁立刻结束了长期的流亡生活回到俄国。针对两个政权并存的局面，列宁为布尔什维克和无产阶级制定了从资产阶级民主革命过渡到社会主义革命的纲领和革命发展的策略路线，提出了“不给临时政府以任何支持”和“全部政权归苏维埃”这两个口号。

临时政府当然不愿意放弃他们把持的权力，1917年7月14日，临时政府进行第二次改组，原陆海军部部长克伦斯基被捧上总理的宝座。他上台之后就召开了国事会议，声称要用“铁血”手段镇压一切革命力量，包括擅自夺取地主土地的农民在内。接着，他又与俄军最高统帅部密谋，同意让反动将领科尔尼洛夫将前线军队调进彼得堡，发动反革命叛乱，建立军事独裁政权。但是事与愿违，叛乱刚一开始，就遭到了首都革命工人和士兵的反击，叛乱很快就被粉碎了。克伦斯基还不死心，他将前线的反动军队调回首都，建立了几十个突击营、士官生营和妇女营。他又在冬宫里多次召开秘密会议，商讨阻止布尔什维克派政治委员到首都驻军中去。另外，他还策划将首都迁往莫斯科，企图借助德国人的力量驱散彼得堡的红色“魔影”。两个政权之间的冲突不断加剧，何时决战显然只是时间问题。

列宁

『阿芙乐尔号』巡洋舰

2.十月革命的炮声

1917年9月，布尔什维克在各大城市的苏维埃中都取得了绝对多数支持，布尔什维克的主张渐渐地被大多数群众所接受，列宁不失时机地提出组织武装起义的任务。克伦斯基得知布尔什维克的武装起义计划后，更加紧张地活动起来。他召开秘密会议，制订了一个防止起义和消灭布尔什维克党的计划。克伦斯基政府命令彼得堡的卫戍部队开赴前线，企图把革命武装消耗在第一次世界大战中。布尔什维克领导人托洛茨基亲自赶到卫戍区，说服他们留下。这时候，布尔什维克领导下的苏维埃已经建立了军事革命委员会，它向首都卫戍部队下达命令并得到了认可。这一事件标志着苏维埃开始接掌政权。克伦斯基下令逮捕列宁，派临时政府唯一可用的力量士官生占领彼得堡最重要的据点，封闭布尔什维克党的机关报《工人之路》，密令彼得堡卫戍部队司令派兵进攻革命军事委员会所在地斯莫尔尼宫。一时间，彼得堡全城阴云密布，街头岗哨林立，巡逻队横行。

列宁审时度势，做出了提前起义的英明决策。11月6日，列宁秘密来到起义总指挥部斯莫尔尼宫，亲自领导武装起义。在他的指挥下，一队队工人赤卫队和革命士兵迅速占领了彼得堡的各个战略要地。7日凌晨，起义部队占领了邮政总局，攻占了波罗的海火车站和尼古拉耶夫斯基火车站，接着关闭了政府大楼的照明电路，电话局切断了临时政府和司令部的大部分电话。6时左右，赤卫队员、士兵和水兵们已经占领了皇宫大桥。除了宫廷广场和伊萨基耶夫斯卡广场地区，其他地区几乎都掌握在起义者的手里。克伦斯基见势不妙，就向部长们撒谎说，他决定亲自去迎接开来的增援部队。随后，他坐上美国大使馆的小汽车逃跑了。

11月7日(俄历10月25日)下午5时左右，2万多名革命士兵和赤卫队员、9辆军车包围了冬宫。革命军事委员会向临时政府发出最后通牒，命令它于6时20分缴械投降，遭到拒绝后，列宁立刻发布命令："占领冬宫！"

当时，守卫冬宫的是忠于临时政府的2000多名士官生，他们凭借着机枪和小型火炮以及坚固的堡垒，封锁住了起义队伍的进攻路线。9时40分，停泊在涅瓦河上的“阿芙乐尔号”巡洋舰奉命向冬宫开炮，这艘舰的舰长和舰上的官兵都听从苏维埃军事委员会的指挥。赤卫队员和革命士兵们在雷鸣般的“乌拉”声中越过街垒，迅猛地冲进冬宫，在冬宫的楼梯间里和楼梯上，同士官生展开了激烈的白刃战。到8日凌晨1时50分，冬宫里的反动武装全部被肃清，临时政府的成员除了克伦斯基逃跑外，全部被逮捕。

就在攻打冬宫的隆隆炮声中，全俄罗斯第二次苏维埃代表大会在斯莫尔尼宫开幕，大会首先通过了列宁起草的《告工人、士兵和农民书》，宣告各地全部政权一律归转苏维埃。最后，代表大会选举成立了世界上第一个工农兵苏维埃政府——人民委员会，列宁当选为人民委员会主席。11月9日清晨，大会胜利闭幕，它宣告世界上第一个无产阶级专政国家成立了。

3.“啤酒馆政变”

第一次大战结束后，交战各国在巴黎举行和议，称为“巴黎和平会议”，简称巴黎和会。美国总统伍德罗·威尔逊主张宽大对待战败的德国，但法国主张严惩德国。法国人为了报复，指定在凡尔赛宫的镜厅里签订和约，这就是著名的《凡尔赛和约》。应法国的要求，条约中加入了极其苛刻的条款，德国割让了一部分领土，丧失了全部的海外殖民地，军备受到严格限制，还用黄金支付了一笔高达2260亿马克(约合113亿英镑)的战争赔款，后来减到1320亿马克。

为了保证得到战争赔款，法国人出兵占领了德国的鲁尔地区，虚弱的德国政府无力抗击，只能实行消极抵抗，结果导致德国发生了空前的通货膨胀，货币体系瓦解，经济陷于崩溃。1920年9月30日，德国工人党用德意志民族社会主义工人联盟的名义在慕尼黑登记，纳粹是德语“民族社会主义者”一词缩写词的汉语音译。1921年，希特勒成为纳粹党的元首。第一次世界大战期间，希特勒参加德军，当上了一名传令兵，先后获得两枚铁十字勋章。作为士兵能获得两枚铁十字勋章，这是很少见的。战争结束后，他偶然接触到法西斯主义，便奉为至宝，到处传播。德国战败后，国家陷入危难之中，希特勒把灾难的原因归罪于犹太人和布尔什维克，对犹太人和共产主义充满了仇恨。他的思想与当时德国盛行的民族主义一拍即合，因此赢得了很多支持者。

巴黎和会

1923年，德国新政府上台，准备恢复

战争赔款并同法国达成和解，这两项决定遭到了极右派民族主义团体的抗议，抗议运动主要集中在巴伐利亚州，那里的分裂主义势力非常强大，他们企图举行暴动，对抗柏林政府。希特勒认为这种动荡的政治形势给他提供了攫取全国政权的良机，便策划了一个行动，史称“啤酒馆政变”。

希特勒

1923年11月8日晚上8点30分左右，慕尼黑市中心附近一家名叫贝格勃劳凯勒的啤酒馆里，灯火通明，人声嘈杂。这里正在举行群众集会，巴伐利亚州的头面人物都到场了。突然，一群穿着褐色衣服的纳粹党徒冲了进来，把州长官都抓了起来。领头的就是希特勒，他拔出手枪，朝天花板开了一枪，接着就发表演说，叫嚷着要建立起一个大德意志帝国。第二天，希特勒又带着他的那帮追随者上街，包围了州议会、警察局等要害部门。这个事变很快就被镇压下去了，州政府下令禁止纳粹党行动，封闭纳粹党报，希特勒被关进了慕尼黑以西的莱茨贝格监狱。

“啤酒馆政变”虽然失败了，但希特勒却从中给自己和自己的政党捞到了一笔宣传资本。首席法官和希特勒思想相通，只判处他监禁5年，实际上希特勒只服了8个月的徒刑就被赦免了。在这8个月的服刑期间，他备受优待，可以自由接待来访亲友，过生日时可以接受亲友的花环和祝贺，他还享有携带秘书的特权。每到中午在休息室里吃饭时，他就口若悬河地大讲特讲他的主张。等到希特勒出狱时，狱中的大多数工作人员都变成了忠实的纳粹主义分子。

希特勒服刑期间还写了一本书，名叫《我的奋斗》，书中鼓吹复仇，扩充领土，征服世界，把犹太人和斯拉夫人视为劣等民族。这本书被看作是法西斯主义的理论和行动纲领，成为纳粹党的圣经。

纳粹冲锋队

4.国会纵火案

出狱后，希特勒悟出一个道理，不能通过政变去剥夺台上统治者的权力，而要充分利用国家宪法所提供的一切合法条件去攫取政权。1925年1月4日，他前去拜访巴伐利亚总理，承认“啤酒馆政变”是一个错误，并保证今后一定要循规蹈矩，遵纪守法。巴伐利亚总理以为这头凶猛的野兽被驯服了，就撤消了对纳粹党及其机关报的禁令，纳粹党得以正式重建。

德国国会大厦

1929年10月末，从美国华尔街开始的经济恐慌迅速蔓延，导致了一场世界性的经济危机。德国的经济是靠美国发展起来的，所以受害最大。希特勒抓住这个时机，开动各种宣传工具，声称纳粹党能够给广大群众带来好生活。这种宣传打动了处在绝望之中的德国人民，纷纷聚集在纳粹的旗帜下。到了1932年，纳粹党员的人数已经超过100万人。这一年举行总统第二轮选举，希特勒竟然获得了36.8%的选票。同年举行国会选举，纳粹党获得了230个议席，一跃成为国会中最大的党派。1933年1月30日，德国总统兴登堡任命希特勒为德国总理，纳粹党正式上台组建政府。

希特勒上台后，便想实行独裁统治，根据魏玛共和国宪法规定的《授权法》，总理可以不通过议会自行制定规章以代替法律，但需要国会三分之二的议员通过才能生效，而纳粹党在议会中只占有32%的席位。因此，希特勒就任总理后，立即要求总统解散议会，然后进行重新选举。当时德国共产党是议会中的第二大党，占有17%的席位，它坚决反对启动《授权法》。希特勒要想占有议会的多数，就必须将共产党打下去。经过希特勒追随者的精心策划，一个阴谋出笼了。

1933年2月27日晚上，德国首都柏林繁忙了一天的街道上渐渐安静下来。突然有人高喊起来："国会起火了！"人们急忙向坐落在共和广场旁的国会大厦方向望去，只见浓烟滚滚，火焰冲天，照亮了灰暗的夜空。不大工夫，一条条火舌就吞噬了这座用10年时间建成的大厦。

戈林

国会议长戈林很快就来到现场，他满脸通红，挥动着双拳，大声喊着："这是共产党干的！这是共产党反对新政府的罪证！我们一定不能再坐等了！我们要毫不留情地对付他们，把他们抓起来杀掉！"

几分钟后，希特勒和纳粹宣传部长戈培尔来到现场。希特勒对一旁的外国记者说道："这是神的指示，我们要消灭共产党人！"

当天夜里，德国政府发表通告，宣布是共产党人放火烧了国会大厦，并声称纳粹冲锋队在现场抓到了一个名叫卢勃的荷兰共产党员，他就是纵火犯。第二天，纳粹党徒按照早已拟定好的名单开始了大搜捕，大批共产党员被捕入狱。希特勒随即颁布紧急法令，勒令解散除了纳粹党以外的一切政党，取缔工会及一切结社、集会。

多年以后，"国会纵火案"的真相才大白于天下。原来，放火的不是别人，正是纳粹党的柏林冲锋队队长和他的部下，他们通到国会大厦下的一条地下暖气管通道钻到国会大厦，洒上汽油和易燃化学品，点了火后，从原路回到戈林的议长府。同时，纳粹冲锋队找到了对放火有癖好的荷兰人卢勃，让他再放了几把火。

"国会纵火案"发生后，希特勒在独裁的道路上迈出了"合法"的最后一步，建立起了纳粹党一党专政的法西斯极权统治。1934 年 8 月 1 日，年迈的兴登堡病逝，希特勒立即颁布一项法律，把总统和总理这两个职务合二而一，命令军队以及法官和官员们向他个人宣誓效忠，德意志第三帝国由此诞生。从此，他就可以为所欲为地对内实行恐怖的独裁统治，对外实行侵略扩张和种族灭绝政策了。

5."闪击战"灭亡波兰

1937 年 11 月 5 日，希特勒召集国防部长、国防军三军总司令和外交部长等头目，向他们宣布最迟在 1943 年至 1945 年之间解决德国的生存空间问题，征服与德国直接接壤的奥地利和捷克斯洛伐克是德国的第一个目标。1938 年 3 月 11 日，希特勒在奥地利亲德分子和纳粹分子的帮助下，兵不血刃占领了奥地利，迈出了他在中欧侵略扩张的第一步。吞并了奥地利之后，希特勒又策划向捷克斯洛伐克开刀，一枪未发地占领了捷克斯洛伐克全境。

连连得手之后，希特勒不禁得意起来，又对波兰举起了血淋淋的屠刀。波兰位于欧洲大陆的东部，东接苏联，南靠捷克，北临波罗的海，煤矿丰富，冶金、化学、机器、造船等工业也相当发达。希特勒进攻波兰，是想把它当成进攻苏联的基地，用掠夺来的波兰的人力、物力和资源，加强德国法西斯的战争能力，同时消除德军进攻西欧的后顾之忧。开始时，希特勒想用软硬兼施的手段逼迫波兰就范，但没有成功，于是就决定采取武力。希特勒又不想担侵略的恶名，就导演了一场波兰"进攻"德国的闹剧。

1939 年 8 月 31 日夜里，闷热的天气压得人喘不过气来。突然，一群"波兰"士兵在夜色的掩护下，向靠近波兰边境的德国格雷威茨市

发起"进攻"。他们打死了一名德军士兵,"占领"了该市的电台,并用波兰语播出向德国"挑战"的声明。第二天一早,柏林电台就播出了波兰"进攻"德国的消息。希特勒立刻向全国发表广播演说,他声嘶力竭地叫嚷道:"无数的波兰人侵入德国境内,许多波兰的正规军攻击格雷威茨电台,我们只能决定用武力来解决。"

其实,那伙"进攻"格雷威茨市的"波兰人"是德国的党卫军假扮的,那个"战死"的德国人不过是德国集中营里的一个死囚。

9月1日凌晨4时45分,德国和波兰的边境上突然万炮齐鸣,炮弹如暴雨一般倾泻到波军阵地上,德军的轰炸机群以波兰的部队、军火库、机场、铁路、公路和桥梁为目标,一波波地狂轰滥炸。大约一个小时后,早已整装待命的德军地面部队从北、西、西南三面发起全线进攻,他们以装甲部队和摩托化部队为前导,很快就从几个主要地段突破了波军防线。当天上午10时,希特勒兴奋地向国会宣布,帝国军队已攻入波兰,德国进入战争状态。他宣称,"从现在起,我只是德意志帝国的一名军人,我又穿上这身对我来说最为神圣、最为宝贵的军服。在最后的胜利之前,我决不脱下这身军服,要不就以身殉国!"

9月3日上午,英国和法国相继向德国发出最后通牒,要求德国提供停战的保证,否则将向德国宣战。希特勒置之不理,英法两国随即对德宣战,第二次世界大战全面爆发。

德军突破了波军防线后,以每天五六十千米的速度向波兰腹地突进。这是人类战争史上空前规模的机械化部队大进军,也让全世界第一次领教了"闪击战"的滋味。到了9月6日,波军总司令利兹元帅下令所有部队撤到维斯瓦河以东,波兰政府当日仓皇撤离华沙。这时候大局已定,冯·伏尔曼上校对希特勒说:"从军事角度看,战争已经结束。"9月28日,华沙沦陷,这只是波兰彻底亡国的一个标志而已。

6.敦刻尔克奇迹

1940年,法西斯德国以136个师的兵力发动闪电般的攻势,一举突破了西欧防线,开始向西推进。部署在马其诺防线西侧的英、法、比、荷等国家的军队有135个师,虽然在数量上与德军旗鼓相当,却军无斗志,不堪一击。5月15日,荷兰投降;5月20日,德军突进到英吉利海峡附近。节节溃退的英、法两国的陆军被切断、分割在滨海地区的布伦、加来、圣奥梅尔和敦刻尔克等地,危在旦夕。

就在这个紧急关头,以丘吉尔为首的英国战时内阁即刻部署了代号为“发电机作战计划”的脱逃方案。战时内阁一面指挥英驻法远征军实施反击,企图会合法军主力,多争取一些撤逃时间,一面急调海军舰艇和民用船只到多佛尔和福克斯通集结。5月24日,德军占领了布伦和加来,坦克已经突进到了阿运河地区,这里距离敦刻尔克只有20千米。英军眼看撤逃无望,不知道为什么,希特勒却莫名其妙地下令德军暂停进攻,使英军得到了喘息的机会。

为了转移德军的视线,夺取海峡制空权,英国空军从5月24日起每天出动数百架次飞机袭击德军后方。5月26日19时,德军恢复进攻。几分钟后,英远征军接到实施“发电机作战计划”的指令,第一批接运舰船600余艘先后抵达敦刻尔克港,其中有海军的巡洋舰、驱逐舰、炮舰和炮艇,有地方货轮、客轮、渔船、拖船、驳船、汽艇和游艇等,速率不一,形状各异,五花八门。当晚,这支“舰队”开始装载英军勤杂人员,由于秩序混乱,进展很慢。直到5月27日晚,仅仅撤走了7669人。

5月28日,比利时宣布投降。英、法军控制的海岸线缩到40多千米,德军飞机几乎整天在海港及其附近上空盘旋和俯冲。爆炸声震天动地,海面上硝烟弥漫,火苗直窜云天。撤退的兵员挤满了海滩、港口。这一天,总共撤出了17804人。

5月29日,由于是战斗部队撤退,秩序好转,加之新增加了100余艘游艇、小船在滩岸驳运,加快了装载速度,全天有47310人被撤回英国。当晚,法国200余艘船只也参加了撤运工作。5月30日清晨,英、法舰船继续采用多点上船、快运的办法,撤出了53823人,其中法国官兵占了一半。

5月31日,德军发觉英军即将撤完,立刻加强了海、空攻势。幸好英国空军多次临空支援,驱逐舰足可对付来袭的鱼雷艇,陆上部队又遏制住了敌军的地面推进。这一天,共撤出68014人。

6月1日,德国空军全面出击,德国步兵在炮兵和坦克的支援下,发起持续猛攻。英、法海陆空三军虽损失惨重,仍给敌军以重创。在激烈的战斗中又撤走了英军64229人。

6月2日,德军的中程大炮已经打到了敦刻尔克港,加之空袭,白天无船敢抵岸接运,唯一靠近港岸的两艘医务船也遭到了德机的轰炸。晚上,英舰水手进入敦刻尔克市区,搜寻散失的残存者,这样全天又撤走了一万余人。6月3日,又成功地搭救出26746人去英国。

6月4日清晨，英国舰船将26175名法国士兵接走。当弹痕累累的英国驱逐舰“希卡里号”最后驶离敦刻尔克港口时，德国的坦克已驶入这座已成废墟的城市。14时23分，英、法指挥官一致同意，“发电机作战计划”到此结束。盟军且战且退，成功地从海上撤出了338226名官兵，其中英军21.5万人，法国和比利时人12.3万名，创造了第二次世界大战中的一个奇迹。

7.“巴巴罗萨计划”

1940年7月，希特勒召集了一次高级军事会议，会上他宣布了一个预谋已久的作战计划：突然袭击苏联，一举将这个社会主义国家摧毁。希特勒非常崇拜腓特烈一世，他的一句话备受希特勒的吹捧：“生存与毁灭只有在战争中才能证实。”腓特烈一世有个外号叫“红胡子”，意大利语的发音正是“巴巴罗萨”，于是希特勒就把他的计划命名为“巴巴罗萨计划”。

为了实施“巴巴罗萨计划”，德军总参谋部立即着手拟订出对苏联作战的具体行动方案。根据这个方案，德军要用突袭的办法歼灭苏联西部各军区的部队，使其无法退往内地，然后以坦克部队为先导，并辅之以空军支援，分三路向苏联腹地进攻，占领莫斯科、列宁格勒和顿巴斯，争取在一个半月到两个月的时间内打垮苏联。看完这个方案，希特勒不无得意地说：“当‘巴巴罗萨计划’开始实施时，全世界将大惊失色！”

1940年德国占领法国后，曾经制订过一个针对英国的“海狮计划”，但后来放弃了。为了掩盖“巴巴罗萨计划”，德国人又开始大造舆论，说他们又要实施“海狮计划”了。他们大量印发英国地图，给部队配备大量英语翻译，并在英吉利海峡和加来海峡沿岸集结大量渡海及登陆工具，在海岸上配置了许多假火箭，派部队频繁地进行登陆作战演习，造成部队要大规模进攻英国的假象。然后，德军大规模东调，对外则宣称在进攻英国之前，到东部地区去休整。

英国首相丘吉尔提前获悉了德国准备进攻苏联的情报，专门写信给苏联最高统帅斯大林，提醒他注意，美国总统罗斯福也把有关情报转告给斯大林，斯大林却不予重视。1939年，苏联和德国签订了《苏德互不侵犯条约》，这个条约规定双方互不使用武力。斯大林太相信德国人,竟然授权塔斯社发表声明:“关于德国打算进攻苏联的传闻是毫无根据的。”

1941 年 6 月 20 日，苏军在边境地区抓到了一个德军司务长，他向苏军报告说,德军将在 6 月 22 日发起进攻。斯大林接到报告后,才发布命令,要苏军做好防范德军突然袭击的准备。但这个命令下得太晚了,由于西线长期没有战事,苏联西部边境各军区军以上的司令部都驻在城市里,前沿各师的阵地上只有个别连队值班,各军区的通信部队还在参加国防施工,野战炮兵和高射炮兵照常在射击场打靶或在军区集训,飞机大多集中在少数几个机场上。

1941 年 6 月 22 日,正是星期天,凌晨 3 时 15 分,德国突然不宣而战,苏联长达 1800 千米的西部边境突然失去了黎明前的平静，德军出动了 190 个师又 3 个独立旅,共 550 多万人,47000 门火炮,4500 架飞机,4500 辆坦克,分北方、中央、南方三个集群向苏联发动起突然袭击。德军就像在进行军事演习一样,按照“巴巴罗萨计划”一步步实施。战争的第一天,德军就突破了苏军的第一道防线。第二天,苏联西部军区空军司令科佩茨少将战败自杀,西部大军区司令帕夫洛夫大将也受到军法审判,被处以极刑,苏联空军总局局长雷恰科夫中将被撤职并判处以重刑。15 天后,德军向苏联纵深推进了 400 千米。德军航空兵猛烈地轰炸了苏联西部的所有重要城市,66 个飞机场、交通枢纽、铁路吊车厂、陆海空军军事基地无一幸免,苏军在半天内就损失 1200 多架飞机。

苏军地面军队失去了空中支援和掩护,任凭德军俯冲轰炸机肆虐,苏军几乎完全丧失了抵抗能力,在一个月内就损失 60 多个师,160 万人,只得向内地溃退。战争初期,德军在苏联西部地区进行了十余次重大的合围战役,其中在明斯克、基辅、斯摩棱斯克、维亚兹马这四次重大的合围战役中,每次合围的苏军都在 30 万人以上,有两次甚至达到 60 万人。在短短五个半月的时间内,德军就歼灭了苏军主力 380 余万人,北方集团军围困住了列宁格勒，南部集团军占领了基辅,沿顿巴斯直逼斯大林格勒,中央集团军一直打到莫斯科，德军先头部队小分队的成员已经能够在望远镜里看到莫斯科克里姆林宫上的那颗红星了。

8.偷袭珍珠港

1940年9月27日，德国、日本和意大利三国外交代表在柏林签署《德意日三国同盟条约》,成立了以柏林—罗马—东京轴心为核心的军事集团。这个军事集团的成员被称为“轴心国”。这三个国家能凑到一起,丝毫也不奇怪。第一次世界大战后,意大利的形势和德国一样严峻,右翼政客墨索里尼以及他所领导的法西斯党趁机组成政府,墨索里尼不断巩固自己的独裁地位,最终使意大利沦为一个警察国家。墨索里尼和希特勒臭味相投,早在1936年11月,双方就签订了《德意同盟条约》,墨索里尼对此评价道:“柏林和罗马的垂直线不是壁垒,而是轴心。”柏林和罗马处在同一经度线上,因此后人就把法西斯同盟称为“轴心”。与此同时,日本的法西斯势力也在抬头,日本当局还制订出了征服世界的计划。这三个国家能站到一起,那是顺理成章的事情。

眼看着欧洲几乎被希特勒德国全部占领，日本人不甘落后，他们在亚洲四处出击,频频得手,穷凶极恶的日本海军大将山本五十六设想了一个冒险计划,那就是“在夏威夷海域把美国舰队歼灭”,确保日本在太平洋的利益。在新任首相东条英机的支持下,并且得到了天皇的同意,这个冒险计划得以出笼。

这一年的11月26日,日本特遣舰队司令南云忠一海军中将率领包括“赤城号”“飞龙号”“加贺号”等6艘航空母舰在内的庞大的舰队,悄悄地向美国在太平洋上的重要海、空军军事基地珍珠港进发。

12月7日正是星期天,早晨6点钟,珍珠港内一片和平气息,许多军官和士兵上岸度假,广播里播放着轻音乐,教堂里传出的钟声柔和地在宁静的大地上回荡。有两个出于好奇在摆弄雷达的新兵,忽然发现雷达荧屏上映出了异常的景象,显示有一群飞机正在向珍珠港飞来。他俩立刻向陆军基地的值班长官做了报告。哪知道这位值班长官居然无动于衷,反而把那两个新兵嘲弄了一番,叫他们少管闲事。

这时,停泊在港口内的军舰开始举行升旗仪式,街道上许多散步的人漫不经心地看着一队飞机掠过葱郁的山峦,向基地北边飞去。突然,这群飞机开始向机场俯冲下去,炸弹震耳欲聋的爆炸声把星期天早晨的和平气氛一下子撕得粉碎。首批参加攻击的日军183架战斗机和轰炸机蜂拥而至，一串串炸弹准确地落在了整整齐齐排列在

停机坪上的飞机机群当中，这些飞机在刹那间就被炸得七扭八歪，破片横飞。少数几架飞机侥幸起飞，但是很快就被高度灵活的日本“零”式战斗机击落了。直到这时候，一些呆若木鸡的美国大兵还以为这是一次“特殊演习”。

另一部分日机的攻击目标是停泊在港里的美国军舰。美舰“亚利桑那号”中了一条鱼雷，又有一枚穿甲弹穿透了它的钢甲板，结果引起了舰艏弹药仓的剧烈爆炸，舰体巨大的碎片被抛到一两百米的高空，黑红色的烟云升腾翻滚，熊熊烈火吞噬着它那庞大的躯体，使它成了近1100名官兵丧命的地狱。其他那些舰艇的命运和它一样糟糕，“西弗吉尼亚”号中了6条鱼雷，左舷被炸开了一道长约37米、宽约4.6米的大裂口，翻倒在海水中。“俄克拉荷马号”舰三处中雷，倾覆沉没。还有“马里兰号”“田纳西号”和“宾夕法尼亚号”等巨型战舰也都纷纷中弹。只有2.9万吨的“内华达号”战列舰虽然舰艏中弹，受伤很重，仍可勉强航行。幸运的是，美国太平洋舰队的几艘航空母舰恰好都不在港内，因而免遭灭顶之灾。

第二批进攻的日机共有170架，它们与第一批攻击的那些日机一样，都是从那6艘日本航空母舰上起飞的。从8点54分开始，独往独来的日机对美军浓烟滚滚的机场和军舰又发起了猛烈的攻击。美军的损失从来没有这么惨重：188架飞机被击毁，死伤的美军官兵多达4500多名，组成太平洋舰队主要力量的19艘舰船有的成了残骸，有的沉入海底，而日军只损失了很少的飞机。在回航途中，日机飞行员迫不及待地向日本大本营发回了奇袭成功的信号：“托拉！托拉！托拉！”

日本人弹冠相庆，举国欢腾。美国人震惊了！全世界都震惊了！

日本人的闪电式攻击虽然取得了胜利，但这次袭击使美国巨人苏醒了，美国国会立即通过议案对日宣战，只有一票持不同意见。罗斯福总统在国会上发表讲话，愤怒谴责日本对珍珠港的袭击，并提议把1941年12月7日作为“国耻日”，他的讲话被一阵阵热烈的掌声打断。第二次世界大战爆发后，远在大洋彼岸的美国人一直持观望犹豫的态度，珍珠港事件的发生改变了这一切，使美国加入到世界反法西斯战争的阵营中来。

亚利桑那纪念馆

丘吉尔、罗斯福及其代表团成员在美国“奥古斯塔号”战舰上合影。

9.同盟国与联合国

太平洋战争爆发后，美国正式参战，1941年8月，罗斯福和丘吉尔分别率领本国政府的官员乘坐军舰在纽芬兰的阿金夏港举行会谈，经过一连串高度机密的协商，最后签署了联合声明，史称《大西洋宪章》。这个声明宣布了对德战争的目的和战后的处置，称英、美两国并不追求领土或其他方面的扩张，赞成并鼓励一切实际可行的措施，以减轻军备给爱好和平的人民带来的沉重负担。

1941年9月，在伦敦召开了讨论《大西洋宪章》的盟国会议。英国、苏联、比利时、卢森堡、荷兰、南斯拉夫、波兰、捷克斯洛伐克、希腊、挪威等国家参加了会议。实际上，《大西洋宪章》已成为这些国家继续进行反法西斯战争的纲领。

太平洋战争爆发后，美国、中国、澳大利亚等国家纷纷对德、意、日宣战，正式加入了反法西斯战争，国际反法西斯力量进一步壮大。在美国的倡议下，1942年1月1日，美、苏、英、中等26个国家在华盛顿签署了《联合国家宣言》。这个宣言的签署标志着反法西斯联盟的正式形成，这些国家称为同盟国，又称反法西斯同盟。

在反法西斯同盟中，实力最强劲的是美国、英国和苏联，他们的领导人罗斯福、丘吉尔和斯大林被称为同盟国“三巨头”。二战期间，这三位最高领导人举行过几次会晤，讨论对抗轴心国的策略方针，其中比较著名的是德黑兰会议和雅尔塔会议。

1943年，反法西斯战争各主要战场的形势发生了根本转折，同盟国已经取得了战略进攻的主动权，“三巨头”于1943年11月28日至12月1日在伊朗首都德黑兰举行会晤，商讨开辟欧洲第二战场等问题。德黑兰会议是第二次世界大战中“三巨头”首次直接会晤，对维护和加强同盟国之间的团结与合作，加速反法西斯战争的胜利起了重要作用。

第二次世界大战末期，“三巨头”又在苏联克里米亚半岛的雅尔塔举行会晤，商讨战后如何处置德国、苏联对日作战等问题。这次会晤不仅对协调同盟国对德、日作战，促进战后和平稳定的局面起有重要积极作用，也为联合国的建立奠定了基础。

联合国这个名称最初是斯大林提出来的。1942年1月，中、苏、美、英等26个国家在《联合国家宣言》上签字时，第一次正式采用了“联合国家”(也译为“联合国”)这个

丘吉尔（左）、罗斯福（中）和斯大林

名称。它是斯大林在修改《联合国家宣言》最后文本时提出来的，并用这个名称代替了“协约国”或“合作国”。不过，当时“联合国家”还没有作为一个国际性组织的名称使用。

1943 年 10 月，美、英、苏三国外长在莫斯科召开会议，会议所签署的文件征得了中国的同意，于是发表了中、美、英、苏四国外长《关于普遍安全的宣言》，宣言中提出必须在最短的时间内，建立起一个普遍性的国际组织，所有国家不论大小，都可以成为会员国。这个宣言实际上提出了建立联合国的基本思想和原则，中、美、英、苏四国也就成了联合国的发起人。

1944 年 8 月，中、美、英、苏四个国家的代表在美国华盛顿附近一个名叫敦巴顿橡树园的庄园里连续举行会议，起草联合国章程。苏联提出，联合国安全理事会中，苏、英、美、中、法五个常任理事国应持有否决权，只要五国中有一个国家反对，表决就无效。因为在当时，五个常任理事国中只有苏联一个是社会主义国家，在很多问题上它是少数，如果按照少数服从多数的原则，苏联肯定吃亏。英、美代表坚决反对拥有否决权，主张少数服从多数。苏联又提出让它的两个加盟共和国乌克兰和白俄罗斯直接成为联合国成员，这样苏联就可以拥有三票的表决权，这显然也是英美两国所不能接受的。

双方争执不下的这两个问题，直到雅尔塔会议上才得到解决。罗斯福和丘吉尔考虑到要争取苏联，全力击败德国并对日宣战，于是就同意了苏联的要求。

1945 年 4 月 25 日，美国西部第二大城市旧金山市大歌剧院前，成千上万的市民冒雨赶来，翘首等待着世界各反法西斯国家代表大会讨论成立联合国问题。下午 4 时，载着 46 个国家代表的一长串小轿车，在蒙蒙的细雨中驶来，人群顿时沸腾起来。美国代表下车了，共 156 人，是人数最多的代表团，接着是中国代表 75 人，英国代表 65 人，苏联代表 15 人。当与会代表共 850 人进入歌剧院时，两旁的人们向他们抛撒鲜花，表达欢迎之情。1800 名各国记者也蜂拥入场。

开幕式很快就结束了，代表们走出会场时，人们热烈地齐声欢呼“和平！和平！”有力的口号声久久地回荡在旧金山市上空。

这次会议前后开了整整两个月，会员国增加到了 50 个。6 月 26 日，大会一致通过了联合国宪章，各国代表在宪章上签字。中国共产党的代表董必武，作为中国代表团成员之一，也在宪章上签了字。根据旧金山会议决定，联合国于 1945 年 10 月 24 日正式成立，总部设在美国东海岸的纽约。

10.莫斯科保卫战

1941年9月6日,希特勒发布了第35号训令,代号“台风”行动,计划先将莫斯科正面的苏军分成两部分加以歼灭,然后顺势攻占莫斯科。进攻方法仍然像苏德战争初期那样,同时从三个方向进攻。为了确保“台风”行动的成功,德军在莫斯科方向集结了180万人,1700辆坦克,14000门火炮,1400架飞机。苏军则在莫斯科以西300多千米的纵深内,集结了125万人,990辆坦克,7600门火炮,677架作战飞机。在人数上苏军不占优势,在武器的质量上苏军更是落在下风,苏军的坦克和飞机一大半都是旧式的,而德军的坦克和飞机要先进多了。著名的莫斯科保卫战就这样开始了。

1941年10月2日,由费多尔·冯·博克指挥的德军中央集团军群,开始向莫斯科方向发起攻击。当时,莫斯科的紧张气氛几乎到了令人无法忍受的程度,到处都在谣传德军坦克随时可能冲进莫斯科市区。公共汽车和出租汽车全都被征用,向前线运送部队,行人只能在大街上徒步。10月15日,苏联外交部紧急召见各国外交使团,通知他们当晚随同政府一起离开莫斯科前往古比雪夫。但是斯大林却命令苏共中央政治局、国防委员会、最高统帅部和总参谋部作战组的成员一概不准离开莫斯科,决心与首都人民共存亡。最高统帅的决心激发起苏军的顽强斗志,他们不怕牺牲,以血肉之躯铸起了牢固的防线,将德军挡在了莫斯科城外。德军进攻最猛烈的时候,其坦克距离莫斯科只有一个小时的路程,但德国人就是打不进来。苏联红军的一个步兵师为了挡住敌人的坦克,激战了4多个小时之后全部壮烈牺牲。当时莫斯科流传着这样一句话:俄罗斯虽大,但已无路可退,因为后面就是莫斯科。

11月16日,德军用两个坦克军的兵力攻打苏军第316步兵师的前沿阵地。在杜勃塞科沃铁路会让站附近,苏军政治指导员克洛奇科大率领28名反坦克手击退了德军50辆坦克的攻击,歼灭了其中的18辆。28名英勇的红军战士全部战死疆场,后来被追授苏联英雄称号。就在同一天,在离杜勃塞科沃1200米的别捷利诺区,15名战士在消灭了德军5辆坦克和近一个排的德国鬼子后,全体壮烈殉国。

在莫斯科保卫战期间,在离杰多夫斯克城2000米的涅费多沃村,还发生了一场最不可思议的坦克战。12月7日,苏军一位名叫帕维尔·古德济的中尉驾驶一辆KB-1型坦克,同德军的18辆坦克交火,消灭了10辆敌军坦克,其余的仓皇逃窜。从这以后,德国鬼子再也不敢沿着沃洛科拉姆斯克公路向莫斯科进攻了。

按照惯例,每年的11月7日都要在莫斯科举行纪念十月革命胜利的活动，这一年是十月革命胜利 24 周年，正处在莫斯科保卫战最严酷的阶段，要不要举行庆祝活动呢？11 月初的一天，斯大林突然找到外交部长莫洛托夫和国家安全人民委员部部长贝利亚，对他们说，要准备在红场举行阅兵式。望着他们两个困惑的表情，斯大林说："由布琼尼检阅部队，让阿尔捷米耶夫将军指挥。阅兵时如有德国飞机冲过防线进行轰炸，要迅速清除死者和伤员，但阅兵必须进行到底。让新闻电影制片厂摄制纪录片，尽快复制后分送全国各地放映，报刊要更广泛地报道阅兵式。我将在庆祝大会上做报告，在阅兵式上讲话。"

11 月 7 日早晨，成千上万的莫斯科人冒着严寒和德军空袭的危险，汇聚到红场上。受阅部队荷枪实弹地走过来了，每一名受阅者携带的都是自己在前线缴获敌人的武器，雄赳赳地接受最高统帅的检阅，然后直接开赴自己的防御工事或进攻阵地，展开新一轮的莫斯科保卫战。

这次阅兵极大地振奋了苏联红军和人民群众的信心，战场面貌顿时为之焕然一新。11 月中下旬，苏军在多个方向粉碎了德军的进攻，并耗尽了德军的预备队。另外，气温也帮了苏军的大忙，11 月 27 日这天，气温在两个小时内骤然下降了 20 度，一下子跌到了零下 40 摄氏度，大部分德军身无御寒之衣。12 月 5 日，苏军转入反攻，莫斯科战役取得了胜利，德军损失了 50 多万人，坦克 1300 多辆，火炮 2500 门。这是德国在第二次世界大战中首次遭到惨败，并由此滑向最后的深渊。

11.斯大林格勒保卫战

德军在莫斯科会战中遭到失败后，被迫放弃全面进攻，开始在苏德战场南翼实施重点进攻，企图攻占高加索和斯大林格勒，切断苏军的战略补给线。斯大林格勒原名察里津，1918 年后改称斯大林格勒。它位于伏尔加河下游，是苏联南部的政治、经济、文化中心，水陆交通的中转站，还是高加索石油的转运站和重要的军事工业基地。如果能够占领这座城市，就可以切断南方对莫斯科的粮食和燃料供应。为此，德军最高统帅部拟定了代号为"蓝色作战"的南方作战计划，改组了原南方集团军群，企图一举拿下斯大林格勒。

1942 年 7 月 17 日，斯大林格勒战役拉开序幕。德军第六集团军在炮兵、航空兵的支援下，分成南、北两个突击集团，从两个方向突向斯大林格勒。7月23日，德军突破了苏军第62集团军的右翼防线，形势告急。斯大林立即任命年轻的第64集团军司令戈尔多夫中将取代年迈的铁木辛哥元帅，指挥斯大林格勒方面军，并派素有“苏联红军智多星”之称的华西列夫斯基上将作为最高统帅部代表，前往斯大林格勒协助指挥战事。

德军在进攻市区前，从高加索等地调来9个师、1个旅的援军参加强攻，每天都有成千架次的飞机轮番轰炸。希特勒歇斯底里地狂叫：“要把斯大林格勒从地图上抹去！”在无比严峻的形势下，斯大林签发了著名的“第227号命令”，要求苏军部队“不许后退一步”。斯大林格勒城防委员会也发布命令，要求“一切能使用武器的人，都起来保卫自己的故乡城市，保卫自己的家园”。几天内，就有7.5万居民投入了战斗，他们发出“为祖国而战”的誓言，与侵略者争夺每一条街道，每一幢房屋。

9月13日，德军在几个地段突破了苏军防线，进入市区，一场最残酷、最激烈的市区争夺战开始了。争夺火车站的战斗尤其激烈，一周之内火车站竟然13次易手。近卫军中士雅科夫·巴甫洛夫率领一个战斗小组，死死守住“一月九日”广场上的一幢大楼。他们顶住了敌机的轰炸、坦克的袭击、步兵的射击，始终把阵地牢牢地掌握在自己手里。最后，其他战士都战死了，巴甫洛夫孤身一人又坚守了几十天。战后这座大楼重建，人们把它命名为巴甫洛夫大楼。

斯大林格勒城中有一个马马耶夫高地，它是全城的制高点，也是斯大林格勒保卫站的中心战场。这个高地在两天中就四次易手，为了把它夺回来，近卫军猛扑高地东北面的陡峭斜坡，冲入战壕与德军展开了白刃搏斗，用上万人的生命为代价，终于把苏军的战旗插了上去。

经过两个多月的激战，德军发起了700多次冲锋，仍然无法控制全城。眼看着寒冷的天气即将来临，希特勒知道德军没有多少越冬物资储备，就让第六集团司令保卢斯再做一次努力。11月11日，德军在斯大林格勒城区内向苏军据守的阵地发动了最后一次大规模进攻，在伤亡数千名官兵的情况下，保卢斯被迫停止了进攻。

11月19日，苏联红军接到了斯大林发出的大反攻的命令。这天拂晓，苏军2000门大炮齐声轰鸣，110余万苏联红军冒着纷飞的大雪，向德军发起猛烈攻击，11月23日傍晚，保卢斯的第六集团军被包围在斯大林格勒城下。在弹尽粮绝的情况下，保卢斯请求希特勒允许他投降，希特勒却发出一份急电，将保卢斯升为陆军元帅，其他军官全都各升一级。保卢斯清楚希特勒的意图,接到电令后他彻底失去了希望,一下子瘫倒在地上。

1943 年 2 月 2 日,坚持了 6 个月的斯大林格勒大会战终于结束了。德军在这次战役中一共损失了 150 万人,坦克和强击火炮 3500 辆,大炮和迫击炮 1.2 万门,飞机 3000 架,德军的精锐部队受到重大消耗。苏联红军还抓了 9.1 万名德军俘虏,其中包括保卢斯在内的 24 名高级将领,他们穿着单薄的衣衫,抓紧裹在身上满是血污的毛毯,在零下 24 摄氏度的严寒中,一步一拐地走向寒冷的西伯利亚战俘营。

12.诺曼底登陆

1943 年 1 月,美英卡萨布兰卡军事会议决定在法国北部实施登陆战役,开辟对德作战的第二战场。但是出于某种政治目的的考虑,迟迟没有做战役准备。1944 年年初,德军开始在东线溃退,苏军开始反击。美英政府认为苏德交战已是两败俱伤,攻占欧洲的时机已经成熟,于是便开始着手进行诺曼底登陆战役的准备。

这次取名为"海王"行动的登陆作战,由美国、英国和加拿大等同盟国联合完成,统帅部设在英国。美国艾森豪威尔上将出任战役司令官,史密斯上将出任参谋长,英国的拉姆乔、蒙哥马利、马格里分别担任联军的海、陆、空军司令官。在战役统帅部的部署下,参加部队计有地面部队 30 个师,其中步兵师 20 个,装甲师 7 个,空降师 3 个,共计 150 万人,编为 1 个集团军群,3 个集团军;飞机 12837 架,其中战斗机 5409 架,轰炸机 5112 架,运输机 2316 架;各型舰艇 9000 余艘,其中登陆艇 4000 艘,编为东、西两个特混舰队。西部特混舰队辖有两个突击舰队、1 个后续舰队和 1 个后勤舰队,保障美军第一集团军从"犹他"和"奥马哈"地段登陆。东部特混舰队辖有 3 个突击舰队和一个后续舰队,保障英军第二集团军和加拿大军第一集团军从"哥尔德""朱诺"和"斯沃德"地段登陆。

为了隐蔽战役企图,联军统帅部采取了一系列的伪装和佯动措施。联军首先在加来和布伦对面的英国多佛尔设立了 1 个假集团军群,司令官就是那位威名赫赫的巴顿中将,大片的假登陆舰艇、假坦克、假炮群和假营地充斥了多佛尔的海岸、平川和山丘;还有成篇累牍的新闻、电讯大肆渲染巴顿部队的行动,大功率多频道的无线电电波频频从英格兰东南部发出。绝妙的战役欺骗直到登陆前的几个小时还在进行,让德军统帅部不得不相信,联军的进攻方向就在加来和布伦。

1944年6月1日，美英登陆兵第1梯队5个师在英国西南部的福威、普利茅斯、斯拉普顿、托奎、威茅斯、波里和朴次茅斯等港口装载上船。6月3日，空军各输送大队相继起航，到怀特岛东南海域会合。航渡中，气象突变，强劲的西北风推逐着万顷波涛，翻腾的巨浪使登陆舰艇颠簸不已，一些从未出过海的登陆兵头晕呕吐，昏昏入睡。此刻，坐镇在统帅部中的艾森豪威尔上将坐立不安。他深知风浪大，登陆艇无法抢滩，云幕低，航空兵不能升空，于是果断做出决定，将登陆时间推迟24小时，在海上漂荡的舰艇就近返港避风。

6月6日早上，天气略有好转。艾森豪威尔立即下令展开兵力，"海王"计划开始实施。5时30分，天刚蒙蒙亮，由7艘战列舰、25艘巡洋舰、100余艘驱逐舰和重炮舰组成的火力支援舰群，对登陆正面实施了30分钟左右的直接火力准备，紧接着300余门船载榴弹炮、火箭炮吼啸如雷，弹落似雨，漫长的诺曼底海岸到处土石横飞，硝烟翻滚，猛烈的爆炸声完全掩盖住了德军士兵惊恐的哀鸣声。6时10分，从航空母舰上起飞的数十架舰载机乘炮火稍停，沿着诺曼底海岸施放烟幕，筑成数道"雾墙"。6时30分，右翼登陆编队中的第一艇波准时抵达"犹他"海滩。美步兵第四师的先行连首先冲出舱门，跃上海岸；6时34分，美步兵第一师的先头部队登上了"奥马哈"地段。从7时20分起，左翼的英、加步兵相继从"哥尔德""朱诺""斯沃德"地段登陆。到了日落时分，第一梯队5个师全部登陆完毕，并分别建立起纵深长宽达几千米的滩头阵地，有的还与友邻师和空降师取得了联系。驻守在诺曼底海岸的德军守备队因遭到猛烈的航空火力和舰炮火力的压制和打击，残存的兵力不能集中，不能协同作战，被联军一一分割和歼灭。后线德军见抵抗无效，只得且战且退，有的则凭垒据守，等待救援。

就在联军各路劲旅开始转入扩大登陆场的战斗时，一场近半个世纪未曾有过的夏季风暴，狂啸怒吼着席卷英吉利海峡，惊涛骇浪猛烈地冲向舰船。联军官兵虽奋力搏斗，仍有800艘小型艇船被疾风恶浪抛上了岸滩，近百艘舰船破损倾覆。此外，"奥马哈"地段的人造港设施也遭到毁坏，成千上万名护港人员丧生。由于风大浪高，舰船无法卸载，造成前线弹药、物资紧缺，迅猛的攻势顿减。有人猜想，如果此时德军发起反击，联军将毁于一旦。然而，德军并不知道联军蒙受了这么大的损失，柏林的将军们还错误地认为诺曼底战斗仅仅是联军的战役佯动，大规模的对垒将在加来地区展开。

盟军在诺曼底突破了德军的防线后，又在法国南部登陆，形成南北夹击之势，随后一举解放了法国首都巴黎，诺曼底登陆战至此胜利结束。

13.攻克柏林

英美军队在诺曼底成功登陆后，很快就把战火燃烧到德国本土。希特勒虽然已成瓮中之鳖，但困兽犹斗，他调集了近百万军队，在柏林周围筑起三层防卫圈，准备死守柏林。

攻打柏林的任务由苏军担任，苏军名将朱可夫元帅担任前线总指挥。面对着德军坚固的工事和堡垒，朱可夫知道强攻必然要付出重大伤亡的代价，为此他呕心沥血，终于想出了一条妙计。

1945 年 4 月 15 日凌晨 5 时，苏军打响了攻克柏林的战役。就在易北河上空升起信号弹的时候，突然有 140 多盏大功率探照灯射向德军阵地，德军被照得头昏眼花，不知道敌人到底在哪里。就在这时候，苏军的上万门火炮、迫击炮开始了猛烈的轰击，接着轰炸机在德军阵地上倾泻下如暴雨一般的航空炸弹，惊天动地的爆炸仿佛要将大地撕裂，弹片裹在灼人的烈焰中冲天而起。苏军的炮声整整响了 30 分钟，德军阵地竟然没有发射一发炮弹。

4 月 19 日，苏军集中最强大的兵力，攻克了被称为“柏林之锁”的泽洛高地。一旦越过泽洛高地，就是坦克群可以展开的开阔平原了。4 月 20 日，苏军的炮弹已经打进了柏林市区。

4 月 20 日是希特勒 56 岁生日，他在总理府花园里接见了集合在那里的少年冲锋队员。当时在柏林乃至在整个德国，已经看不见一个不穿军装的年轻或成年男子了，此刻站在希特勒面前的是一群身着军大衣的十几岁男孩。接见完毕后，希特勒得知苏军正从东、南、北三面向柏林压过来，不禁大发雷霆，立刻命令党卫队副总指挥施坦因纳到柏林南郊组织全线反击。他厉声喝道：“谁要敢把我的军队撤回一步，5 个小时内我就让他人头落地！”施坦因纳领命而去，但直到第二天，希特勒也没有接到他组织反攻的消息，原来他连试都没试一下就逃之夭夭了。希特勒听到这个消息后，尖声地高叫着：“全是腐败、怯懦、谎言和叛逆。完了，一切都完了！所有的人都抛弃了我！”他说的确实不差，就连他的亲信空军司令戈林、党卫军头目希姆莱都离他而去，偷偷做着与盟军谈判投降的打算。

苏联红军攻占德国国会大厦

4月25日，美国第九集团军和苏联乌克兰第一方面军在易北河会师，把整个德军分割成南、北两块，苏军可以全力攻打柏林市区了。守卫柏林城的是纳粹党卫军部队，他们在柏林城内每一条街巷都构筑起了防御工事，设置了防坦克障碍，每一幢房屋都被加固成防守堡垒，每一扇窗户都变成了一个火力点。党卫军躲在城中千百个阻击点上，等待着暴露在每一条街巷上的苏军士兵。苏军士兵前赴后继，逐街逐屋地消灭每一个死守的德军。

4月26日，苏军向柏林发起总攻。苏军的坦克车一辆接一辆地碾过柏林的大街小巷，炮筒向每一个射出子弹的窗口猛烈轰击。柏林城中的250万幢建筑所剩无几，几乎全都化为瓦砾。

就在整个柏林城变成一片火海的时候，希特勒知道他的末日已经到了。4月29日凌晨，在总理府的地下避弹室里，希特勒仓促成婚，新娘是当了他12年情妇的爱娃·布劳恩，她知道自己的下场只能是跟随希特勒一起死去，于是提出了她唯一的要求，那就是要有个正式的名分。就在希特勒结婚这天的黎明时分，苏军步兵七十九军的3个营受命攻打德国国会大厦。德军在这座大厦里布置了重兵，苏军战士用刺刀与德国人短兵相接，很快就占领这座在一片废墟中仍然矗立的建筑。

4月30日，苏军攻入波茨坦广场，离希特勒藏身的总理府仅隔一条街了。听到这个消息后，希特勒和爱娃双双服下氰化钾毒丸自杀。希特勒在吞进第二粒毒丸后，又向自己的太阳穴开了一枪。10分钟后，侍卫们将希特勒和爱娃的尸体拖出地下避弹室，放进总理府花园被炸开的一个弹坑中，倒上汽油烧了。

朱可夫元帅

5月2日午夜24时，在德国东部一所军事学院的饭堂里，德国正式向苏、美、英、法四国投降，朱可夫元帅主持了德国投降签字仪式。在这次攻克柏林的战役中，苏军共消灭了德军70个步兵师、23个装甲师和摩托化师，俘虏了48万人，几乎每3个德军中就有1个人被苏军俘虏。而从攻克柏林的战役打响到德国宣布投降，在仅仅持续了18天的战斗中，苏军死伤达30多万人，平均每8个苏军官兵中就有1个人倒在进攻柏林的道路上。

“小男孩”

“胖 子”

14.原子弹与日本投降

就在希特勒自杀的前两天，墨索里尼和他的情妇被意大利游击队抓获，就地处死。随着德国和意大利的彻底战败，轴心国的“三驾马车”只剩下了日本一家。当时，日本虽然已经露出败象，但进攻日本本土却非易事。1944年6月11日，美军对日军占领的塞班岛发动突袭，尽管双方力量对比非常悬殊，日军却让美军付出了伤亡1.6万余人的惨重代价。盟军参谋部认为，进攻日本本土将遭遇更为激烈的抵抗，至少要投入153万兵力。英国首相丘吉尔估计，进攻日本本土美军将损失100万人，英军将损失50万人。

怎样才能既取得胜利，又减少伤亡呢？1945年7月16日，世界上第一颗试验性原子弹在美国新墨西哥州的荒原上爆炸成功。第二天，美、英、苏三国首脑在德国勃兰登堡州的首府波茨坦召开会议，会后发表了《波茨坦公告》，警告日本人如果拒不投降，将招致威力无比的新型炸弹的轰击。日本政府对这份公告进行了逐字逐句的研究，目光都集中在投降的条件上，没有注意到“新型炸弹”这几个字的真正含义。日本陆军坚决反对投降，他们声称要将战争进行到底，宁肯“一亿玉碎”。在陆军的压力下，日本首相铃木对记者发表声明，表示日本对《波茨坦公告》不予理会。

8月2日，美国总统杜鲁门参加完波茨坦会谈后，在回国途中得知日本法西斯对《波茨坦公告》置若罔闻，经过再三考虑，最后决定向日本本土投掷原子弹，并把这个任务交给了美国空军司令阿诺德。

除了那颗用于试验的原子弹外，美国还有两颗原子弹，一颗是用铀做裂变材料，代号为“瘦子”，后来改称“小男孩”；另一颗用钚做裂变材料，代号为“胖子”。

美军驻关岛第29航空队司令官接到命令后，决定出动6架B-29型轰炸机，其中1架为原子弹载机，装载的就是那颗5吨重的“小男孩”，由新组建的特种飞行队第509混成大队的大队长蒂贝茨上校亲自驾驶，还用蒂贝茨上校母亲的名字为它命名为“埃诺拉·盖伊号”。另外5架有3架担任气象观测任务，1架为照相侦察机，1架为装有科学仪器的实验机，还有一架作为预备队留在硫黄岛机场，随时准备替换发生故障的飞机。

8月6日凌晨，蒂贝茨上校带领12名机组成员登上了“埃诺拉·盖伊号”。上午8时09分，“埃诺拉·盖伊号”按照气象观测机的路线到达日本广岛。8时15分，飞机在1万米的高空将原子弹投下去。这颗原子弹据说有2万多吨梯恩梯当量，威力是平常炸弹的1000倍。原子弹设计者之一的帕森斯也参与了这次行动。他说，原子弹刚刚投下，就见到一片明亮耀眼的闪光。一分钟后，一股黑色云团夹着滚滚的尘土和残渣碎片升腾到距地面300多米的高处。在黑色云团之上，是一团蘑菇状的白色浓烟。执行监察任务的飞机观察到，原子弹的爆炸把市中心12平方千米的地方夷为平地，造成13万多人伤亡。

广岛的毁灭并没有使日本法西斯的头脑清醒过来，陆军部的将军们还坚持要打下去。杜鲁门总统向日本发出警告，日本政府还是无动于衷，于是在8月9日上午，那颗代号为“胖子”的原子弹被投向长崎。它炸毁了长崎30%的工业区，其中包括三菱钢铁厂，同时造成10多万人伤亡。本来此次原定的投掷目标是小仓，只因当天小仓上空浓云密布，目标不清，美军机组才临时改变了投掷地点。

8月6日，苏联对日宣战。8月9日晚上，日本天皇召开御前会议，就如何回答《波茨坦公告》问题展开讨论。有人提出投降可以，但要有附加条件。美国人不接受有条件的投降，麦克阿瑟将军准备出动2000架飞机轰炸东京，消息传到东京，人心惶惶。日本天皇再一次召开御前会议，同意无条件投降。

1945年9月2日这一天，历史上最隆重的海上受降式在日本东京湾举行。在盟军数百艘舰艇的簇拥下，美军战列舰“密苏里号”上彩旗高悬，岗哨密布，显得格外威严。水天线外，一支庞大的航空母舰编队往返游弋，警惕地监视着日军的动静。

时近中午，各方代表相继登上“密苏里号”，最后步入签字大厅的是战败国代表日军参谋总长梅津美治郎和日本外务大臣重光葵等人。代表到齐后，太平洋盟军最高统帅麦克阿瑟上将发表了简短的讲话。随即，投降签字仪式开始。梅津美治郎和重光葵首先代表日本天皇和日本政府在投降书上签字，表示完全接受《波茨坦公告》规定的各项条款。

签字仪式结束后，盟军举行了声势浩大的海空阅兵。在美国海军上将海尔西的指挥下，一支由几百架舰载机组成的庞大飞行编队从“密苏里号”上空掠过，巨大的轰鸣声盖过了海浪的呼啸声，震撼着日本大地……第二次世界大战至此以同盟国的全面胜利而告结束，“密苏里号”战列舰从此永垂史册。

图书在版编目(CIP)数据

世界历史经典故事300/ 李静,程绍虹编译. —大连:大连出版社,2009.5(2016.6 重印)

ISBN 978-7-80684-757-2

Ⅰ.世…　Ⅱ.①李…　②程…　Ⅲ.世界史—通俗读物　Ⅳ.K109

中国版本图书馆 CIP 数据核字(2009)第 049026 号

出 版 人:刘明辉
责任编辑:侯娟娟
封面设计:林　洋
版式设计:英　伦
责任校对:李玉芝
责任印制:阎　骋

出版发行者:大连出版社
地址:大连市西岗区长白街 10 号
邮编:116011
电话:0411-83621075
传真:0411-83621170
网址:http://www.dlmpm.com
印 刷 者:山东鸿君杰文化发展有限公司
经 销 者:各地新华书店

幅面尺寸:180mm×230mm
印　　张:10
字　　数:250 千字
出版时间:2009 年 6 月第 1 版
印刷时间:2016 年 6 月第 12 次印刷
书　　号:ISBN 978-7-80684-757-2
定　　价:20.00 元

精滨
临江

杭州高新区（滨江）地方志编研室
杭州高新区（滨江）档案馆 编

方志出版社